ulmer

Frank M. von Berger

DIE 150 BESTEN

PFLANZEN FÜR JEDE GARTENECKE

AF640435

SCHÖN, NACHHALTIG UND NÜTZLICH FÜR DIE TIERWELT

Die besten Gartenpflanzen für jede Gartenecke zu finden ist immer eine echte Herausforderung. Es gibt eine große Vielfalt an schönen Pflanzen, unter denen Sie Ihre Favoriten auswählen können. Wo Sie Ihren Schwerpunkt setzen, ist reine Geschmackssache. Manche mögen bunte Blütenpracht, andere eine eher schlichte, pflegeleichte Bepflanzung, die ganzjährig attraktiv ist.

Aber es kommt auch darauf an, die für den jeweiligen Standort passenden Gewächse auszuwählen. Manche Pflanzen gedeihen einfach überall, andere sind wählerischer in Bezug auf Licht, Boden und Feuchtigkeit. Die Übergänge sind oft fließend. Es gibt Pflanzen, die sowohl an sonnigen wie auch an halbschattigen Standorten gut wachsen, aber an vollschattigen Standorten vor sich hin kümmern. Ihr Gedeihen hängt zudem oft von der Feuchtigkeit oder dem Säuregrad des Bodens ab. Deshalb ist es, gerade für Anfänger, äußerst hilfreich, sich an Standortempfehlungen zu halten. So vermeiden Sie Enttäuschungen und haben stattdessen viel Freude an gesunden, attraktiven Pflanzen.

Was mir an den hier vorgestellten Arten wichtig war, ist vor allem die Gartentauglichkeit. Dazu kommen Nachhaltigkeit, also die Langlebigkeit der Pflanzen, eine ausreichende Winterhärte, natürlich Pflegeleichtigkeit sowie der Nutzen, den diese Gewächse für die Tierwelt im Garten haben. Deshalb wurden einheimische Pflanzen in vielen Fällen exotischen Arten vorgezogen. Aber im Garten kommt es nicht zuletzt auf den ästhetischen Aspekt an. Deshalb finden Sie unter den besten Gartenpflanzen auch Exoten, die nicht alle gewünschten Kriterien erfüllen. Dennoch glaube ich, dass meine Auswahl ein Leitfaden für die Gestaltung eines schönen, nachhaltigen und naturnahen Gartens sein kann. Ich wünsche Ihnen viel Glück und vor allem viel Erfolg beim Gärtnern – ein Abenteuer, das jeden Tag aufs Neue spannend ist!

Finden Sie die Richtigen!

Gärtnerweisheiten 4

Alles eine Sache des Standorts 6

Gartensituationen, Gartenvisionen 10

Stauden: nachhaltige Gartenschätze 12

Gehölze geben Charakter und Struktur 16

Prächtige Sonnenkinder Sonniger Standort, normaler Boden 18

Nur für Sonnenanbeter Sonniger Standort, trockener Boden 56

Den Kopf in der Sonne, die Füße im Nassen
Sonniger Standort, feuchter Boden 82

Schätze für Licht und Schatten
Halbschattiger Standort, normaler bis trockener Boden 104

Lieblinge für lauschige Ecken
Halbschattiger Standort, feuchter Boden 122

Schattenschönheiten mit Charme
Schattiger Standort, normaler bis trockener Boden 146

Willkommen im Dschungel Schattiger Standort, feuchter Boden 162

Service 185

Zum Weiterlesen & Bezugsquellen 186

Register 188

GÄRTNER-WEISHEITEN

Was ist das Geheimnis eines schönen Gartens? Was ist die Formel zum Gartenglück? Ganz einfach: Pflanze + richtiger Standort = Gartenglück. Wenn Sie auf standortgerechtes Pflanzen setzen, werden Sie weniger Arbeit, aber mehr Erfolgserlebnisse beim Gärtnern haben. Die Pflanzen werden ohne viel Pflege gut gedeihen und Ihnen lange Freude bereiten. Ich möchte Ihnen zeigen, worauf es bei der Auswahl der richtigen Pflanzen für den jeweiligen Standort ankommt.

ALLES EINE SACHE DES STANDORTS

Es ist eine alte Gärtnerweisheit: Nicht alles wächst überall. Bei der Pflanzenauswahl ist es entscheidend, den richtigen Standort für die Bedürfnisse der einzelnen Arten und Sorten zu kennen und zu berücksichtigen.

Wenn der Standort stimmt, haben viele Stauden auch im Winter etwas zu bieten.

Nur wenn die Grundvoraussetzungen vor Ort stimmen, sind die Gewächse dauerhaft pflegeleicht, gedeihen gut, blühen üppig und sorgen lange Jahre für Zufriedenheit. Damit das Unterfangen Gartenplanung gelingt, kommt es auf verschiedene Aspekte an: Lichtverhältnisse, Bodenbeschaffenheit, die richtige Pflanzenauswahl für den jeweiligen Standort und natürlich Ihre ganz persönliche Vorstellung davon, wie ein schöner Garten aussehen sollte.

Licht und Schatten

Grundsätzlich wird zwischen sonnigen, halbschattigen und schattigen Standorten unterschieden. Als sonnig gelten Standorte, die entweder den ganzen Tag über oder mindestens sechs bis acht Stunden und vor allem in der Mittagszeit im vollen Sonnenlicht liegen. Als halbschattig gelten Standorte, wenn sie täglich weniger als sechs Stunden Sonne erhalten, aber nicht den ganzen Tag im Schatten liegen. Oft sorgen Gehölze oder Gebäude am Rand des Grundstücks dafür, dass einzelne Gartenbereiche im Halbschatten liegen. Als schattig gelten Standorte, die den ganzen Tag über keinen Sonnenstrahl abbekommen. Die Übergänge können fließend sein. Lichter Schatten herrscht beispielsweise unter locker wachsenden Gehölzen, die noch einzelne Sonnenstrahlen durchlassen. An schattigen Standorten muss es nicht stockdunkel sein, weil Streulicht manchmal etwas Aufhellung bringt. Aber im dauerhaften Schatten von kleinen Innenhöfen kann von Vollschatten ausgegangen werden – die dunkelste Seite des Gartens. Doch selbst hier können noch einige Pflanzen ganz gut gedeihen.

Bestimmen der Lichtverhältnisse

Um zu bestimmen, wo im Garten welche Lichtverhältnisse vorherrschen, ist es sinnvoll, sich an mehreren Stellen und zu verschiedenen Tageszeiten (und möglichst auch Jahreszeiten) auf dem gesamten Grundstück umzusehen. Oft ändern sich die Lichtverhältnisse im Garten mit dem Lauf der Sonne. So werfen im Winterhalbjahr benachbarte Gebäude oder Gehölze Schatten auf Beete, die im Sommer zur gleichen Tageszeit in der prallen Sonne liegen. Umgekehrt kann die sommerliche Belaubung großer Gehölze Gartenbereiche beschatten, die im Winter, wenn die Zweige kahl sind, in der Sonne liegen.

Bodenarten

Auch die Bodenbeschaffenheit entscheidet darüber, ob Ihre Pflanzenschätze gedeihen oder vor sich hin kümmern. Zunächst sollten Sie prüfen, welchen Boden Sie vorfinden. Danach können Sie entscheiden, ob und welche Maßnahmen Sie ergreifen möchten, um die Bodenqualität den Standortansprüchen der Pflanzen entsprechend anzupassen. Vielleicht belassen Sie es auch einfach bei dem, was Sie vorfinden, und wählen geeignete Pflanzen für diese Situation aus. Leicht durchzuführende Tests bieten Aufschluss, mit welchem Boden Sie es zu tun haben. Sie brauchen dazu kein Labor und keine feinen Messinstrumente. Eine Handvoll Erde reicht dazu schon aus. Bereits die Finger- und die Schlämmprobe offenbaren ihnen Grundsätzliches über die Beschaffenheit Ihres Gartenbodens.

Bei der Schlämmprobe verrühren Sie etwas Erde aus Ihrem Garten in einem Glas mit Wasser. Nach dem Umrühren sinkt der Sand zuunterst auf den Boden. Der Lehm löst sich auf und bildet eine trübe Brühe. Feuchter Ton ist schwerer löslich als Lehm und bildet Klümpchen. Die faserigen, leichten Humusanteile schwimmen an der

Eine Schlämmprobe gibt Aufschluss über die Bodenart.

Oberfläche. Steht das Glas eine Weile, setzt sich der Lehm deutlich erkennbar oberhalb der Sandschicht als feine Schlammschicht ab. So können Sie leicht die Volumenanteile der jeweiligen Bestandteile in der Bodenprobe bestimmen.

Die Fingerprobe ist noch einfacher: Sie nehmen eine Handvoll leicht feuchter, aber nicht regennasser Erde aus Ihrem Garten, drücken sie fest zusammen und betrachten das Ergebnis.

Tonboden

Stark tonhaltiger Boden ist feinkörnig und lässt sich gut kneten. Ein daraus geformtes Kügelchen wird bei Trocknung hart und kompakt. In Tonböden versickert Wasser schlecht und es bildet sich Staunässe. Pflanzenwurzeln fällt es schwer, in den schweren Boden einzudringen. Das Einarbeiten von Sand und Humus (reifem Kompost) sorgt für eine bessere Durchlässigkeit und mehr Bodenfruchtbarkeit.

Lehmboden

Lehmboden lässt sich ebenfalls kneten, ist aber etwas gröber gekörnt und zerbröselt beim Trocknen leichter. Lehmböden verschlämmen und verkrusten nach einem kräftigen Regenguss schnell. Eine Mulchschicht aus Laubhumus und Kompost fördert eine positive Entwicklung des Bodens und erhöht seine Fruchtbarkeit.

Sandboden

Sandboden lässt sich weder formen noch kneten. Er hat eine fühlbare Körnchenstruktur und rieselt locker durch die Finger. Regen und Gießwasser versickern hier schnell. Sandiger Boden kann durch die Beigabe von Lehm und Humus bindiger und damit besser gemacht werden.

Humusboden

Humusboden ist nicht-mineralischen Ursprungs. Er wird von verrotteten Pflanzen gebildet. Deshalb ist er faserig und mit organischen Bestandteilen durchsetzt. Er ist reich an Nährstoffen und hält die Feuchtigkeit gut. Die Beigabe von Sand macht ihn durchlässiger.

Der Säuregehalt des Bodens

Manche Pflanzen wachsen bevorzugt auf sauren oder kalkhaltigen Böden, etwa Rhododendren, die sauren Boden brauchen, oder Küchenschellen (*Pulsatilla*), die nur auf kalkhaltigen Böden gedeihen. Eine Messung des pH-Wertes gibt Ihnen Klarheit darüber, welchen Säuregehalt Ihr Boden aufweist. In jedem Gartencenter finden Sie preiswerte Sets, um den pH-Wert Ihres Bodens selbst zu testen. Sie sind kinderleicht in der Anwendung. Als neutral gelten Böden mit einem pH-Wert zwischen 6,5 und 7. Alles über einem Wert von 7 gilt als kalkhaltig (basisch bzw. alkalisch), alles unter 6 als sauer.

Bodenfeuchtigkeit

Auch die Bodenfeuchtigkeit spielt eine Rolle bei der Wahl des richtigen Standorts für Ihre Pflanzen. Alle Gewächse brauchen Wasser, um zu gedeihen. Manche Arten mehr, andere weniger. Ist dauerhaft zu viel Feuchtigkeit im Boden, kann dies zu Fäulnis an den Wurzeln führen. In zu trockenen Böden darben besonders solche Arten, die viel Feuchtigkeit brauchen. Pflegeleicht ist ein Garten nur, wenn Sie ihn nicht ständig bewässern müssen. Prüfen Sie deshalb die Bodenfeuchtigkeit mehrfach, am besten zu verschiedenen Jahreszeiten. Ein im Sommer trockener Gartenbereich kann im Winter plötzlich recht feuchten Boden haben, weil sommergrüne Laubbäume im Winter kein Wasser aus dem Boden saugen. Auch die Anzahl und Menge von Niederschlägen spielt bei der Bodenfeuchtigkeit eine Rolle. Es gibt Regionen, in denen es im Sommer wenig, im Winter viel regnet – und umgekehrt. In Senken und am Fuß von Hanglagen sammelt sich das Wasser, während der Boden im oberen Bereich von Hanglagen meistens trocken ist.

Mikroklima

Außer den bisher genannten Standortfaktoren hat auch das Mikroklima einen Einfluss auf Ihre Gartenerfolge. So spielt Wind eine nicht unwesentliche Rolle. Zwischen Gebäuden können sich Windkanäle bilden. Dort ist es dann vor allem im Winter deutlich kälter als in anderen Gartenbereichen. Und vor geschützten Südwänden von Gebäuden kann es im Sommer sehr heiß werden.

Der Wurzeldruck großer Gehölze hat ebenfalls einen Einfluss. Wurzeldruck bedeutet, dass größere Gewächse Wasser und Nährstoffe für sich beanspruchen und die darunter oder in der Nähe gepflanzten Gewächse kaum etwas abbekommen. Manche Pflanzen wie Wald- (*Geranium sylvaticum*) kommen jedoch gut mit dem Wurzeldruck von Gehölzen klar und eignen sich daher für Unterpflanzungen von Bäumen und Sträuchern.

Sie sehen: Es ist hilfreich, sich möglichst viele Aspekte bei der Pflanzenauswahl bewusst zu machen, denn sie sind der Schlüssel für erfolgreiches Gärtnern!

GARTENSITUATIONEN, GARTENVISIONEN

Der Traum von einem schönen, pflegeleichten und naturfreundlichen Garten kann Wirklichkeit werden, wenn Sie bei der Auswahl der Gewächse auf deren Bedürfnisse eingehen. So können Sie jeden Garten zu etwas Einzigartigem machen: Zu *Ihrem* Garten!

Eine gelungene Kombination: blauer Rittersporn und Rosen in Pink.

Der Garten ist heute für die meisten viel mehr als eine Grünfläche mit ein paar Gehölzen oder einer Hecke drumherum. Er ist zu einer Erweiterung des Wohnraums geworden, zu einem Ort, an dem sich Familie und Freunde aufhalten, Kinder spielen, Feste gefeiert und lauschige Sommerabende verbracht werden. Was ein Garten nicht sein sollte, ist eine beständige Quelle lästiger Arbeiten wie Gießen, Unkrautjäten, Heckeschneiden oder Schädlingsbekämpfung. Da vergeht jedem über kurz oder lang die Lust am Garten. Mit einer überlegten Planung kann das vermieden werden. Überlegen Sie, was Sie wirklich wollen und brauchen und was nicht. So sind etwa botanische Hätschelkinder und Trophäenpflanzen etwas für Liebhaber und Spezialisten. Die Wahl von pflegeleichten Gewächsen macht Ihr Gartenleben leichter. Mit den passenden Pflanzen für die speziellen Standorte gelingt ein schöner und pflegeleichter Garten, der viel Raum und Zeit zum Genießen lässt.

Weil dies ist kein Buch über die ästhetische Gestaltung von Gärten ist, finden Sie auch keine konkreten Gestaltungstipps zur Planung und Anlage Ihres Gartens. Dafür fehlt an dieser Stelle der Platz und zudem gibt es ein breites Spektrum an guter Gartenliteratur zu dieser Thematik. Dennoch werden Sie im Porträtteil immer wieder auch Tipps finden, welche Pflanzenkombinationen gut harmonieren oder kontrastieren und wie Sie die vorgestellten Arten und Sorten im Garten verwenden können, um ein schönes Gartenbild zu kreieren.

Die richtigen Pflanzen für jeden Standort

Selbst wenn das Angebot in Gärtnereien und Gartencentern noch so verlockend ist und zu so manchem Spontankauf verführt – lassen Sie sich nicht verleiten, vorschnell eine Pflanze zu kaufen, nur weil sie Ihnen auf Anhieb gefällt! Berücksichtigen Sie bei der Pflanzenauswahl außer der rein ästhetischen Erscheinung auch die Ansprüche der jeweiligen Art. Wenn die zu Ihrer Gartensituation passen, ist das schon fast eine Garantie für gutes Gelingen und für gesunde, frohwüchsige Pflanzen.

Sommerblumen

Was Sie in diesem Buch nicht finden, sind einjährige Sommerblumen. Sie sind zwar hübsch, aber nicht besonders nachhaltig. Denn sie müssen jedes Jahr neu herangezogen oder gekauft werden. Zudem ist ihre Pflege relativ arbeitsaufwendig: tägliches Gießen, häufiges Düngen, regelmäßiges Ausputzen. Das bedeutet aber nicht, dass einjährige Sommerblumen keinen Platz im Garten haben sollten. Ich setze sie oft als Lückenfüller ein oder überall dort, wo ein Farbtupfer im Beet fehlt. Und als Blickfänge in Töpfen, Ampeln, Schalen und Balkonkästen sind sie einfach unschlagbar!

Und wo ist der Lebensbaum?

Vielleicht vermissen Sie auch Lebensbaum (*Thuja*), Scheinzypresse, Zuckerhut-Fichte und Blau-Fichte. Nein, diese Kandidaten wurden nicht vergessen, sondern ganz bewusst nicht in die Auswahl einbezogen. Sie gelten in Fachkreisen schon länger als ökologisch bedenklich. Für Insekten, Vögel und andere Gartenbewohner sind diese Pflanzen eine echte Nullnummer: kein Nektar, keine nahrhaften Früchte, kein geeigneter Rast- oder Nistplatz. In nachhaltigen, tierfreundlichen und trotzdem schön bepflanzten Gärten sind sie daher meiner Meinung nach verzichtbar. Andere Arten sind genauso pflegeleicht und attraktiv, haben aber mehr Nutzen für die Tierwelt!

STAUDEN: NACHHALTIGE GARTENSCHÄTZE

Stauden sind für mich die wertvollsten Gartenschätze überhaupt. Sie bieten ein unglaublich breites Spektrum von Arten und Sorten, sind meist langlebig und ermöglichen die Verwirklichung verschiedenster Gestaltungsideen.

An Stauden, hier lila Astern und weiße Scheinsonnenhüte, werden Sie jahrelang Freude haben.

Der Begriff Staude fällt in diesem Ratgeber häufig. Da ist es gut zu wissen, was eine Staude eigentlich ist. Eine krautige Pflanze mit Blättern über der Erde und Wurzeln darunter – das kann, muss aber keine Staude sein. Glücklicherweise gibt es eine botanisch präzise Definition des Begriffs „Staude": Zu den Stauden werden alle Pflanzen gezählt, die mehrjährig wachsen sowie schadlos ungünstige Trocken- und/oder Frostperioden überstehen. Und das ohne ein dauerhaftes Triebgerüst, das über der Erde stehen bleibt. Mit „dauerhaftem Triebgerüst" ist so etwas wie ein verholzter Stamm oder Äste gemeint. Die meisten einheimischen Stauden lassen mit Beginn des Winters ihre Blätter absterben (sie „ziehen ein", wie Fachleute sagen) und überdauern die Wintermonate mit ihren Wurzeln oder anderen unter der Erde ruhenden Speicherorganen. Im Frühjahr sprießen aus den unterirdischen Teilen der Pflanze dann wieder frische Laubblätter und später Blüten. Aber nicht alle Stauden „ziehen ein". Manche wie beispielsweise Christ- und Lenzrosen behalten im Winter ihr grünes Laub und erneuern es erst im Frühjahr. Bei einigen Pflanzen ist nicht ganz klar, ob sie zu den Stauden gehören oder doch eher Gehölze sind, weil sie an der Basis verholzen. Sie treiben im Frühjahr aus den überwinterten Trieben neu aus. Sie können sich aber auch aus der Basis mehr oder weniger gut regenerieren. Das trifft etwa auf Lavendel, Sonnenröschen oder die Schleifenblume zu. Sie sind botanisch gesehen daher Halbsträucher, also halb Staude, halb Strauch. Im Garten werden sie in der Regel wie Stauden verwendet.

Zwiebel- und Knollenpflanzen

Tulpen, Narzissen und Krokusse – für die meisten sind das die typischen Zwiebel- und Knollenpflanzen, die den Frühling so herrlich bunt machen. Kaum jemand denkt daran, dass es sich auch bei diesen Gewächsen um Stauden handeln könnte. Aber botanisch gehören sie tatsächlich in diese Pflanzengruppe, weil sie ausdauernd, nicht verholzend und oft sehr langlebig sind. Gerade in Staudenbeeten können Sie mit Zwiebel- und Knollenpflanzen raffinierte Farbakzente setzen. Viele Arten blühen sehr früh im Jahr und können die Zeit überbrücken, bis andere Stauden erwachen. Mein Tipp: Verwenden Sie Zwiebel- und Knollenpflanzen möglichst in Gruppen und nicht als Einzelgänger. Eine Tulpe allein wirkt einsam und verloren, aber als Gruppe sind Tulpen ein toller Blickfang!

Gräser und Farne

Prächtige Blütenstauden sorgen zwar meist für den spontanen „Wow-Effekt" im Garten, aber sie sind nicht die Einzigen aus dem Reich der Stauden, die im Laufe des Gartenjahres Eindruck machen. Auch mehrjährige Gräser und Farne gehören in diese Pflanzengruppe. Sie sollten nicht außer Acht gelassen werden, wenn Sie ein ganzjährig schönes Gartenbild gestalten möchten. Es gibt immergrüne Arten von beiden Pflanzengruppen, aber auch solche, die im Herbst ihr Laub welken lassen und sich im Winter in den Boden zurückziehen. Viele Ziergräser lassen ihre strohigen, abgestorbenen Halme im Winter vom Raureif verzuckern. So können Beete zu einer Jahreszeit, in der sie ansonsten eher verwaist aussehen, sehr schön wirken. Und die oft vernachlässigten Farne sind an schattigen Standorten wirklich wunderbare Strukturpflanzen, die mit ihren grünen, gefiederten Wedeln selbst dort für Hingucker sorgen, wo sonst kaum etwas wächst.

Kurzzeitgäste und Dauerbrenner

Bei der Lebensdauer von Stauden gibt es zum Teil erhebliche Unterschiede. Manche Arten können über Jahrzehnte am selben Standort stehen und werden mit der Zeit immer schöner. Solche Dauerbrenner sind beispielsweise Stauden-Pfingstrosen, Wald-Geißbart und Funkien. Dafür brauchen diese Pflanzen allerdings manchmal ein paar Jahre Anlaufzeit, bis sie ihre volle Pracht entfalten. Auch manche Gräser und Farne können viele Jahre am selben Standort verbleiben und mit zunehmendem Alter an Ausdruckskraft gewinnen. Andere Staudenarten sind eher kurzlebig und verschießen ihr Pulver gleich in den ersten ein oder zwei Jahren. Sie beginnen dann oft schon im dritten Jahr zu schwächeln. Solche Kandidaten sind beispielsweise Akelei, Mutterkraut und Prachtkerze. Bevor sich diese Stauden verabschieden, sorgen sie aber meist durch Selbstaussaat für reichlich Nachkommen. Wenn Sie nicht alle Sämlinge jäten, dann bleiben Ihnen diese Arten auf diese Weise im Garten erhalten.

Pflegeleichte Staudenbeete

Hübsche Stauden ganz nach Geschmack kaufen, einfach an einem freien Plätzchen im Garten einbuddeln und hoffen, dass alles zu einem schönen Staudenbeet wird – was so einfach klingt, ist die Garantie dafür, dass Sie später eine Menge Arbeit haben werden und das Ergebnis am Ende wahrscheinlich nicht dem entspricht, was Sie sich eigentlich vorgestellt haben. Besser, Sie nehmen sich im Vorfeld etwas Zeit, über den Standort und die Bedürfnisse der Pflanzen nachzudenken. Prüfen Sie deshalb Lichtverhältnisse, Bodenbeschaffenheit und mögliche Störfaktoren (Wind), bevor Sie zur Tat schreiten. Möchten Sie üppig blühende Staudenbeete, die auf längere Zeit ohne viel Tamtam „funktionieren"? Oder eine pflegeleichte Dauerbepflanzung, die zwar nicht spektakulär, aber immer adrett aussieht? Ganz egal, welche Gartenvisionen Sie haben, es gibt für alles eine praktikable Lösung! Denken Sie daran: Der Standort bestimmt, welche Stauden gepflanzt werden können. Wenn Sie das berücksichtigen, haben Sie eigentlich schon das Rezept für einen schönen und pflegeleichten Garten in der Hand.

Planen und Bepflanzen eines Staudenbeetes

Lassen Sie sich von Ihrem Geschmack oder von einem der zahlreichen Vorbilder inspirieren, die Sie in Gartenmagazinen und -büchern gesehen oder bei Gartenbesuchen kennengelernt haben. Dort finden Sie viele Anregungen für die unterschiedlichsten Standortsituationen. Diese Visionen können Sie auch im eigenen Garten verwirklichen. Machen Sie vor dem Bepflanzen eines Staudenbeets am besten einen Pflanzplan. Ein Blatt Papier und ein Bleistift reichen aus. Zeichnen Sie einen Kreis für jede Pflanze in der ungefähren Größe, die das Gewächs später erreichen wird. So können Sie die Anzahl der benötigten Pflanzen gut ermitteln. Vielleicht nehmen Sie noch Buntstifte hinzu, um die Blütenfarben der Staudenarten und -sorten einzuzeichnen. Manche bevorzugen Pastelltöne im Garten, anderen schwebt vielleicht ein „weißer Garten" vor, in dem nur grünes Laub und weiße Blüten den Ton angeben. Vielleicht ist auch ein kunterbuntes Durcheinander gewünscht, das gute Laune und unbändige Lebensfreude signalisiert.

Auf die Vorbereitung kommt es an

Beim Anlegen eines Staudenbeetes kommt es neben der Pflanzenauswahl auch darauf an, die richtigen Vorbereitungen zu treffen. Der Boden muss tiefgründig gelockert

Einige Stauden gedeihen auch auf sehr trockenen Böden, ohne dass Sie gegossen werden müssen.

und alles Unkraut mitsamt den Wurzeln entfernt werden. Giersch und Zaunwinden treiben auch aus den kleinsten Wurzelresten munter aus und können dadurch später zu einer echten Plage werden. Insbesondere, wenn sie die Wurzelballen von Stauden durchwachsen.

Nach den Planungen, der Bodenvorbereitung und dem Kauf der Pflanzen verteilen Sie die Stauden, die in der Regel in Containern (Töpfen) gehandelt werden, erst einmal auf dem Beet, ohne sie einzupflanzen. Stimmen die Abstände, sodass sich die einzelnen Gewächse nicht schon bald bedrängen? Sind höhere Stauden im Hintergrund platziert und niedrigere im Vordergrund, damit sie nicht um Sonnenlicht konkurrieren müssen? Wenn Ihnen das Ergebnis stimmig erscheint, können Sie die Stauden einpflanzen. Denken Sie daran, dass die Pflanzen mit den Jahren wachsen – auch in die Breite. Im ersten Jahr wird es deshalb im Beet vielleicht etwas dürftig aussehen. Bald schon werden Sie erkennen, dass es sich gelohnt hat, nicht zu dicht zu pflanzen. Im zweiten oder dritten Jahr schließen sich die Stauden zu einem dichten Bewuchs zusammen, zwischen dem Unkraut keine Chance mehr hat. Dann sind übers Jahr nur noch wenige Pflegearbeiten nötig und Sie haben ein Staudenbeet, das lange Zeit Freude, aber wirklich sehr wenig Arbeit macht.

GEHÖLZE GEBEN CHARAKTER UND STRUKTUR

Bäume und Sträucher sind die wichtigsten Strukturelemente im Garten. Sowohl durch das große Arten- und Sortenspektrum wie auch durch ihre Vielseitigkeit können mit ihnen einzelne Gartenbereiche ganz individuell gestaltet werden.

Gehölze schaffen lauschige Gartenplätze und Lebensraum für unterschiedliche Tierarten.

Bäume und Sträucher werden gemeinhin mit dem Sammelbegriff Gehölze bezeichnet. Schon durch ihre Wuchsgröße bestimmen sie den Charakter jedes Gartens. Hinzu kommt der Einfluss von Wuchsform, Blättern, Blüten und eventuell Früchten. Je nach Jahreszeit beeinflusst auch die Laubfärbung die Wirkung. Einige Gehölze sind immergrün, und besonders im Winter sind sie dadurch wichtige Strukturpflanzen. Gehölze können in Einzelstellung platziert oder in kleinen Gruppen gepflanzt werden. Sie sind außerdem ein guter Hintergrund für Staudenbeete und ein willkommener Sichtschutz. Aus dem gleichen Grund werden viele Gehölze als Hecke kultiviert. Dies kann sowohl eine frei wachsende als auch eine formelle Hecke sein. Die Wahl ist immer auch ein wenig abhängig von der Grundstücksgröße. Weil sich dieses Buch an die Besitzer von Hausgärten und nicht an Parkbesitzer wendet, wurden aber bei der Auswahl von vornherein kleiner bleibende Gehölzarten berücksichtigt.

Bäume

Bäume sind Gehölze mit einem Stamm sowie einer Krone aus einem Mitteltrieb und mehreren Seitentrieben. Aber es gibt auch Bäume, die mehrere Stämme besitzen, also mehrtriebig wachsen. Bei Bäumen liegt der Wuchsschwerpunkt im oberen Bereich der Pflanze, also in der Baumkrone. In den ersten Jahren strebt der Haupttrieb dominant nach oben, die Seitentriebe ordnen sich ihm unter. Erst wenn die für eine Art oder Sorte typische Höhe erreicht ist, bildet sich eine Krone aus. Die meisten Bäume erreichen ohne Schnittmaßnahmen eine schöne Wuchsform. Allerdings werden manche Bäume ziemlich groß. Dann wird es irgendwann schwer, überhaupt noch andere Pflanzen im Garten zu kultivieren oder sich auf der einstmals sonnigen Terrasse zu entspannen. Denken Sie auch an ausreichende Abstände zum Haus und vor allem zu Nachbarn. Zu Grenzabständen bei Gehölzpflanzungen hat jede Gemeinde eigene Verordnungen.

Strauch ist nicht gleich Strauch

Sträucher wachsen anders als „echte" Bäume und haben ihren Wuchsschwerpunkt im unteren oder mittleren Bereich.

Es gibt Sträucher, die zahlreiche Schösslinge bilden, die nebeneinander aus der Wurzel sprießen. Bei solchen Kandidaten, etwa Garten-Hortensien, liegt der Wuchsschwerpunkt im Wurzelbereich. Andere Sträucher entwickeln ebenfalls mehrere Triebe aus dem Wurzelbereich, verzweigen sich aber stärker. Dazu zählen beispielsweise Spiräen, Deutzien oder Weigelien. Diese Sträucher brauchen meist einen regelmäßigen Rückschnitt. Vor allem größere Sträucher wie Felsenbirne oder Schneeball bauen ein recht stabiles Gerüst auf. Bei ihnen sprießen meist nur fünf bis zehn Triebe aus dem Wurzelbereich. Die sind langlebiger und stabiler als bei den vorher genannten Sträuchern. Die Spitzen der Triebe verzweigen sich, und weil die unteren Partien des Strauchs verschattet werden, verkahlen sie. Diese Sträucher werden alle paar Jahre ausgelichtet. Die letzte Strauchgruppe gleicht schon beinahe Bäumen. Sie bilden langlebige Gehölze mit starken Trieben. Zu dieser Gruppe gehören beispielsweise Zaubernuss, Flieder und einige Ahorn-Arten (z. B. Fächer-Ahorn). Sie benötigen in der Jugend einen korrigierenden Erziehungsschnitt, der aber meist schon in der Baumschule erfolgt ist, bevor die Pflanzen in den Verkauf kommen. Später brauchen sie kaum oder gar keine Schnittmaßnahmen mehr.

Gehölze richtig platzieren

Die Pflanzung von Gehölzen sollte gut überlegt sein. Zum einen, weil Sträucher und Bäume mit ihren oft markanten Wuchsformen prägende Strukturen im Garten schaffen. Zum anderen, weil Gehölze größer werden und sich dadurch die Standortsituation für andere Gewächse im Lauf der Jahre ändert. Auch der Genuss-Aspekt ist wichtig bei der Platzierung von Sträuchern und Bäumen. Attraktive Blütengehölze, insbesondere solche mit duftenden Blüten, sollten Sie immer an Stellen pflanzen, wo Sie die Blütenpracht und den Duft genießen können. Wählen Sie für solche Gehölze einen Standort aus, an dem Sie öfter vorbeigehen oder längere Zeit verweilen, etwa im Vorgarten oder am Rand von Terrassen und Sitzplätzen.

Sonniger Standort, normaler Boden

PRÄCHTIGE SONNENKINDER

Sonnige Standorte bekommen den ganzen Tag lang das volle Licht unseres Zentralgestirns ab, ohne dass ein Hauch von Schatten das Bild trübt. Wenn es dazu noch einen nährstoffreichen, halbwegs feuchten Boden gibt, können Sie nach Herzenslust alle Stauden und Gehölze pflanzen, die Sonne lieben. Für Prachtstauden wie Pfingstrosen, Rittersporn und Phlox sind diese Standortbedingungen ideal. Und Gehölze wie Flieder, Fingerstrauch oder Blasenspiere werden hier ohne Probleme prächtig gedeihen und blühen!

Alang-Alang-Gras

Imperata cylindrica

Imperata cylindrica 'Red Baron'

Steckbrief

- *Ausdauerndes Ziergras*
- *Höhe und Breite: 30–40 cm hoch, bis 30 cm breit.*
- *Blätter: Schmal, zugespitzt, mittelgrün bis tiefrot.*
- *Blüten: Keine.*
- *Standortvorlieben: Sonnig. Durchlässiger, nicht zu trockener Boden.*

Meistens sind Gräser einfach grün. Aber die Sorte 'Red Baron' des Alang-Alang-Grases ist wirklich ein Knaller im Staudenbeet! Die Blätter färben sich im Lauf des Sommers intensiv rot und setzen damit einen lebhaften Akzent im Garten. Das kompakte Horste und nur kurze Ausläufer bildende, relativ niedrige Gras ist langsam wachsend – also keine Wuchergefahr! Und weil die hier empfohlene Sorte 'Red Baron' in der Regel nicht blüht, bildet es auch keine Samen, die sich später in viele lästige Sämlinge verwandeln. Alang-Alang-Gras treibt zwar spät aus, aber wenn es einmal da ist, macht es durch seine Farbigkeit ganz deutlich auf sich aufmerksam. Damit benachbarte Pflanzen ihm nicht die Schau stehlen, sollten Sie dieses Gras im Vordergrund von Beeten pflanzen und keine stark wachsenden Begleiter danebensetzen. Gut eignet es sich zudem für die Bepflanzung von Töpfen und Kübeln. Es hat dann fast schon Designer-Qualitäten. Schnecken mögen das Gras übrigens nicht, was ein zusätzlicher Pluspunkt ist. Kombinieren Sie es nach Lust und Laune mit Pflanzen, die kontrastreich mit den roten Blättern harmonieren und ähnliche Standortvorlieben, aber eine andere Wuchsform haben. Beispielsweise Purpur-Fetthenne (*Sedum telephium*), Sonnenhut (*Rudbeckia fulgida*) oder Steppen-Salbei (*Salvia nemorosa*). So bringen Sie Abwechslung und Spannung ins Beet.

Mein Tipp: Beste Pflanzzeit ist das Frühjahr. In rauen Lagen sollten Sie dem schönen Gras nach dem Rückschnitt im Spätherbst einen Winterschutz in Form einer dicken Mulchschicht aus Herbstlaub gönnen.

Aster novae-angliae 'Rosa Sieger'

Raublatt-Aster

Aster novae-angliae

Unter den Astern gibt es viele schöne Arten und Sorten. Eine mit der man meiner Meinung nach nichts falsch machen kann, ist die Raublatt-Aster. Sie ist robust, vielseitig, langlebig und im Herbst zuverlässig lange blühend. Außerdem bildet sie keine lästigen Ausläufer. Eine Tugend, die nicht alle Astern-Arten auszeichnet! Ihre vielen Sorten machen es leicht, eine mit passender Blütenfarbe und Wuchshöhe zu finden. Pflanzen Sie diese schöne Staude im Hintergrund oder als hohen Akzent zwischen niedrigeren Begleitern. Obwohl Astern als klassische Herbstblumen gelten, gibt es zudem zahlreiche Arten, die früher im Jahr blühen, eine niedrigere oder buschigere Wuchsform haben und ebenfalls wertvolle Beetstauden sind. Die Glattblatt-Aster (*Aster novii-belgii*) ist in Wuchs, Blütezeit und im Aussehen der Blüte der Raublatt-Aster sehr ähnlich, aber durch kurze Ausläufer ausbreitungsfreudiger. Auch von ihr gibt es zahlreiche schöne Sorten. Außerdem empfehlenswert, spät und reich blühend ist die Blaue Wald-Aster (*A. cordifolius*), die je nach Sorte bis 150 cm hoch wächst. Für kleine Gärten, Töpfe und Kübel empfehlen sich die zahlreichen, ebenfalls im Herbst reich blühenden Sorten der Kissen-Aster (*A. dumosus*) Sie werden maximal 50 cm hoch.

Mein Tipp: Eigentlich sind Raublatt-Astern gute Schnittblumen. Bei manchen Sorten gehen die Blüten jedoch am Abend und bei schlechtem Wetter in „Schlafstellung" und bleiben dann geschlossen.

Steckbrief

- *Mittelhohe bis hohe Blütenstaude*
- *Höhe und Breite: 80–150 cm hoch und bis 60 cm breit.*
- *Blätter: Spitz-oval, mittelgrün, bis 7 cm lang.*
- *Blüten: 3–4 cm breite Körbchenblüten in Weiß, Rosa, Rot oder Blauviolett.*
- *Blütezeit: September bis Oktober.*
- *Standortvorlieben: Sonnig. Durchlässiger, nährstoffreicher, nicht zu trockener Boden.*

Silber-Chinaschilf, Eulaliagras

Miscanthus sinensis

Miscanthus sinensis 'Adagio'

Steckbrief

- » *Hohes, ausdauerndes Ziergras*
- » *Höhe und Breite: Je nach Sorte 30–300 cm und bis 120 cm breit.*
- » *Blätter: Bandartig, mittelgrün, 1–2 cm breit und bis 90 cm lang.*
- » *Blüten: Silbrige bis rötlich-kupferfarbene Ähren, 10–40 cm lang.*
- » *Blütezeit: Juli bis Oktober.*
- » *Standortvorlieben: Sonnig bis halbschattig.*
  Tiefgründiger, nährstoffreicher, humoser, mäßig feuchter, durchlässiger Boden.

Das große, nicht wuchernde Gras ist ebenso vielseitig wie schön. Schon ganz ohne Begleitung sorgt es für einen Blickfang im Garten. Aber es eignet sich auch gut für Staudenrabatten und passt an den Rand von Gewässern. Richtig „nasse Füße" verträgt es allerdings nicht. Es sollte daher wirklich nur in normalem Gartenboden am Uferrand gepflanzt werden, nicht in der Sumpfzone. Zu viel Trockenheit nimmt dieses Gras andererseits übel. Es ist zwar ziemlich stattlich, wirkt aber nie so wuchtig wie andere große Gräser, etwa das berüchtigte Pampasgras (*Cortaderia selloana*), das in den 1970er-Jahren in fast jedem Garten gepflanzt wurde. Pampasgras sollte meiner Meinung nach nur dort wachsen, wo es herkommt, nämlich in der südamerikanischen Pampa. Das elegantere Chinaschilf dagegen passt gut in Staudengärten. Außerdem wirkt es auch im Winter sehr zierend. Dann wiegen sich die fahlen Blattschöpfe sanft im Wind und setzen einen tollen Akzent. Deshalb sollten Sie das Gras erst im zeitigen Frühjahr zurückschneiden.

Sorten:

- 'Adagio': 100 cm, Blüten 150 cm hoch.
- 'Ferner Osten': 120 cm, Blüten bis 160 cm hoch.
- 'Graziella': 100 cm, Blüten bis 130 cm hoch.
- 'Silberspinne': 140 cm, Blüten bis 160 cm hoch.
- 'Zebrinus': 180 cm, Blüten bis 220 cm hoch, cremegelb gebändertes Laub.

Mein Tipp: Binden Sie das Laub im Herbst zusammen, dann bietet es dem Horst im Winter einen guten Schutz vor Nässe und Frost.

Federborstengras, Lampenputzergras

Pennisetum alopecuroides

Dieses Gras sieht praktisch das ganze Jahr über ordentlich aus und hat wunderschöne Blütenstände, die wie Flaschenbürsten aussehen. Oder eben wie Lampenputzer. Das sind die borstigen Dinger, die früher zum Ausputzen von verrußten Lampen benutzt wurden. Das Gras wächst horstig und ohne Ausläufer. Im Herbst färbt sich der Grasschopf gelborange bis orangerot. Und im Winter veredelt an frostigen Tagen Raureif die ganze Pflanze mit zuckrigen Kristallen. Federborstengras passt gut in Kies- und Grasgärten, sieht aber auch attraktiv in Staudenbeeten aus.
Gut harmonierende Pflanzpartner sind Astern, Sonnenhut (*Rudbeckia fulgida*) und Scheinsonnenhut (*Echinacea purpurea*). Federborstengras ist wirklich ein Gras für Faulpelze, weil es äußerst pflegeleicht ist und trotzdem immer picobello aussieht. Nur im zeitigen Frühjahr, kurz vor dem Austrieb, sollten abgestorbene Pflanzenteile entfernt werden.
Häufig im Handel ist die maximal 60 cm hoch wachsende Sorte 'Hameln'. Empfehlenswert ist zudem die Varietät *P. alopecuroides* var. *viridescens*, die auffällig dunkle Blütenähren hat und 100 cm hoch wird. Diese Varietät finden Sie wahrscheinlich nicht im Gartencenter um die Ecke, aber dafür bei fast allen Staudengärtnereien.

Mein Tipp: Lassen Sie das welke Laub bis zum Frühjahr stehen. Das sieht nicht nur schön aus, sondern bietet dem Gras auch einen Schutz vor strengen Frösten und Winternässe.

Pennisetum alopecuroides 'Hameln'

Steckbrief

» *Mittelhohes, ausdauerndes Ziergras*
» *Höhe und Breite: Je nach Sorte bis 100 cm hoch (Blüten) und breit.*
» *Blätter: Überhängend, mittel- bis dunkelgrün, schmal, spitz, bis 60 cm lang.*
» *Blüten: Zylindrische Rispen mit borstigen, gelbgrünen bis purpurnen Ähren, bis 20 cm lang.*
» *Blütezeit: August/September.*
» *Standortvorlieben: Sonnig bis halbschattig. Durchlässiger, leichter, fruchtbarer Boden.*

Purpur-Fetthenne

Sedum telephium

Dies ist eine echte „Einsteiger-Pflanze“ für alle, die noch nie gegärtnert haben. Robuster und dankbarer ist kaum eine Staude im Beet. Alle paar Jahre sollte man die Horste aber teilen, damit sie nicht von innen her verkahlen und die Stängel standfest bleiben. Ich grabe die Pflanze dazu im Frühjahr aus und teile den relativ festen, dicken Wurzelballen mit einem gezielten Spatenstich in mindestens zwei nicht zu kleine Teile. Achten Sie darauf, dass jedes Teilstück mehrere Triebe aufweist. Dann bildet sich schon in derselben Saison wieder ein schöner Horst. Die Pflanze eignet sich gut für sonnige Staudenbeete und zieht zur Blütezeit im Spätsommer Bienen magisch an. Stramm und stolz, wie sie von Natur aus ist, bringt sie Struktur in die Pflanzungen. Sie passt gut zu silberlaubigen Begleitpflanzen wie etwa Woll-Ziest (*Stachys byzantina*). Stimmig sieht Fetthenne mit ihren breiten, festen Blütentellern als Kontrast zu anderen Spätsommerstauden wie Sonnenbraut (*Helenium*-Sorten) oder Raublatt-Astern (*Aster novae-angliae*) aus. Und schön ist sie nicht nur im Beet, sondern auch in der Vase, denn sie ist auch eine gute Schnittblume. Es gibt neben der Art viele Hybriden, etwa die Sorten ‘Matrona’ und ‘Herbstfreude’ sowie die pupurlaubigen Sorten ‘Karfunkelstein’ und ‘Purple Emperor’.

Mein Tipp: Lassen Sie die verwelkten Blütenstände über den Winter einfach stehen. Mit Raureif oder Schnee als „Topping“ sehen sie wirklich wunderschön aus!

Steckbrief

- *Mittelhohe Blütenstaude*
- *Höhe und Breite: 60 cm hoch und breit.*
- *Blätter: Eiförmig, bis 8 cm lang, fleischig, graugrün bereift.*
- *Blüten: Bis 12 cm breite, doldenähnliche Blütenstände mit sternförmigen, bis 1 cm breiten Einzelblüten in grünlichem Rosa.*
- *Blütezeit: August bis Oktober.*
- *Standortvorlieben: Sonnig. Mäßig nährstoffreicher, durchlässiger Boden.*

Sedum telephium

Gold-Garbe, Schafgarbe

Achillea

Dies ist eine vielseitige Gattung mit zahlreichen Arten und Sorten, die alle anspruchslos, pflegeleicht und langlebig sind. Schafgarben vertragen reichlich Sonne, Hitze und sogar ziemlich trockene Böden. Das macht sie in Zeiten des Klimawandels besonders gut geeignet für Pflanzungen, wo andere Stauden während sommerlicher Hitze- und Trockenperioden schlapp machen. Die Blüten halten gut in der Vase und eignen sich auch ideal für die Trockenfloristik. Ein Rückschnitt nach der ersten Blüte hat oft eine Nachblüte im Spätsommer zur Folge. Im Handel sind vor allem Sorten und Kreuzungen (Hybriden) der Gold-Garbe (*Achillea filipendulina*), die nicht wuchert, und der Wiesen-Schafgarbe (*A. millefolium*). Die Hybriden der Wiesen-Schafgarbe sollten alle paar Jahre geteilt werden, weil sie Ausläufer bilden und sich dadurch mehr ausbreiten, als es vielleicht erwünscht ist. Ein bis 120 cm hoch wachsender und standfester Klassiker, mit dem Sie nichts falsch machen können, ist die altbekannte und bewährte Standardsorte *Achillea filipendulina* 'Parker' mit großen, leuchtend gelben Blütentellern. Gute Pflanzpartner für alle Schafgarben sind beispielsweise Steppen-Salbei (*Salvia nemorosa*), Kugeldistel (*Echinops*) und halbhohe Ziergräser wie Mexikanisches Fiedergras (*Nassella tenuissima*).

Achillea filipendulina 'Parker'

Steckbrief

- » *Mittelhohe Blütenstaude*
- » *Höhe und Breite: Bis 120 cm hoch und bis 45 cm breit.*
- » *Blätter: Mehrfach gefiedert, graugrün, 5–30 cm lang.*
- » *Blüten: In Schirmrispen angeordnete, kleine, margeritenähnliche Blüten in Weiß, Gelb, Rosa, Rot und Kupfertönen.*
- » *Blütezeit: Juni/Juli und September.*
- » *Standortvorlieben: Sonnig.*
  Lockerer, durchlässiger, mäßig nährstoffreicher, auch trockener Boden.

Mein Tipp: Die Schafgarbe ist recht genügsam. Wenn Sie den Pflanzen jedoch reichlich Futter (Dünger) geben, verlieren die Stängel an Standfestigkeit.

Großblumiges Mädchenauge

Coreopsis grandiflora

Coreopsis grandiflora

Kaum eine andere Sommerstaude blüht so ausdauernd und lange wie das Mädchenauge. Zwar sind die einzelnen Blüten nach einigen Tagen verwelkt, aber von Juni bis September bilden sich immer wieder neue. Außerdem liefert sie den ganzen Sommer über gute Schnittblumen für die Vase. Die Urform dieser Staude blüht reingelb. Es gibt aber auch Züchtungen mit hübschen braunroten Zeichnungen. Eine der bewährtesten Sorten ist 'Badengold' mit tiefgelben Blüten. Ähnlich, aber mit maximal 30 cm Wuchshöhe niedriger, ist das Lanzenblättrige Mädchenauge (*Coreopsis lanceolata*). Auch diese Staude blüht den ganzen Sommer munter durch. Wegen des niedrigeren Wuchses eignet sie sich eher für den Beetvordergrund, aber nicht für den Schnitt. Wirklich nur gute Erfahrungen habe ich mit dem Quirlblättrigen Mädchenauge (*C. verticillata*) gemacht, auch Netzblattstern genannt. Diese hübsche, etwa 60 cm hohe Art hat filigranes, fast nadelförmiges Laub und von Mai bis September etwa 2 cm breite, hellgelbe Blüten. Durch kurze Ausläufer bildet diese pflegeleichte, langlebige Staude rasch größere Bestände. Die zahlreichen neuen *Coreopsis*-Hybriden, wie etwa 'Limerock Passion', die inzwischen im Handel angeboten werden, blühen zwar farbenfroh in vielen Rot- und Orangetönen. Sie sind bei uns aber leider meist nicht ausreichend winterhart.

Steckbrief

- » *Mittelhohe Blütenstaude*
- » *Höhe und Breite: Bis 70 cm hoch und bis 45 cm breit.*
- » *Blätter: Eiförmig, bis 7 cm lang.*
- » *Blüten: Meist gelbe, 7–8 cm breite Körbchenblüten.*
- » *Blütezeit: Juni bis September.*
- » *Standortvorlieben: Sonnig bis halbschattig. Mäßig nährstoffreicher, nicht zu trockener Boden.*

Mein Tipp: Schneiden Sie das Großblumige und das Lanzenblättrige Mädchenauge nach der Blüte schon im Frühherbst zurück. So bilden sich Überwinterungsrosetten und die Staude wird älter.

Tanacetum parthenium

Mutterkraut

Tanacetum parthenium

Diese unkomplizierte Staude ist meine persönliche Geheimwaffe gegen Tristesse im Garten. Sie hat gänseblümchenartige, kleine Blüten, die in lockeren Dolden stehen und sich munter zwischen andere Blüten mischen. Mutterkraut passt beinahe zu allen anderen Pflanzen, macht zwischen Rosen eine gute Figur, eignet sich hervorragend als Schnittblume und ist noch dazu unglaublich pflegeleicht. Die Pflanzen brauchen meist keine Stütze, müssen nicht ausgeputzt werden und sind auch nicht besonders durstig oder hungrig nach Dünger. Bei so vielen Vorzügen verzeihe ich der Pflanze, dass sie meistens nur zwei Jahre durchhält und sich dann aus dem Garten verabschiedet. Dies tut sie aber erst, wenn sie für reichlich Nachwuchs gesorgt hat. Um die Anzahl an Sämlingen auf ein verträgliches Maß zu beschränken, schneide ich die meisten, aber nicht alle welken Blütenstände ab, bevor die Samen ausreifen. Diese Methode hat bei mir bisher immer gut funktioniert. Ich musste nie neue Pflanzen dazukaufen, habe aber auch nie eine Invasion von Sämlingen erlebt.

Es gibt außer der Urform übrigens auch Sorten mit gelbem oder weißbuntem Laub und solche mit halb oder dicht gefüllten Blüten. Am charmantesten finde ich aber nach wie vor die schlichten Blüten der Urform.

Mein Tipp: Schneiden Sie die Pflanze unmittelbar nach dem Hauptflor tief bis auf den Blattschopf zurück. So wird eine Nachblüte angeregt.

Steckbrief

- *Kurzlebige Blütenstaude*
- *Höhe und Breite: 30–90 cm hoch, bis 30 cm breit.*
- *Blätter: Gefiedert, hellgrün, aromatisch duftend.*
- *Blüten: Lockere Doldenrispen mit bis 2,5 cm großen, margeritenähnlichen Blüten.*
- *Blütezeit: Juni bis Oktober.*
- *Standortvorlieben: Sonnig. Nährstoffreicher, humoser, durchlässiger Boden.*

Narcissus 'Las Vegas'

Narzisse

Narcissus

Von dieser bekannten und beliebten Frühlingsblume gibt es zahlreiche Wildarten und noch viel mehr Kulturformen. Mehr als 24 000 verschiedene Varietäten wurden bisher gezüchtet und in den Handel gebracht! Es gibt niedrige und hohe Sorten, solche mit kleinen oder mit großen, mit ein- oder zweifarbigen Blüten und sogar gefüllt blühende Formen. Letztere sind meiner Meinung nach verzichtbar, aber vielleicht gibt es Gärten, in die sie gut passen. Bienen würden sie jedenfalls bestimmt nicht pflanzen, weil sie keine guten Nektarquellen sind. So unterschiedlich die Blüten auch sind, alle haben eine sogenannte Nebenkrone, die „Trompete". Die kann auch eine andere Farbe haben als die sternförmig darum herum angeordneten Blütenblätter.

Wie im Aussehen, so unterscheiden sich die vielen Sorten auch in der Blütezeit. Die ersten fangen schon Anfang März an zu blühen, die späten blühen erst im Mai. Das Tolle an Narzissen (außer den schönen Blüten): Wühlmäuse verschmähen die giftigen Zwiebeln! Diese werden ab September bis zum Spätherbst etwa 10 cm tief in den Boden gesteckt. Pflanzen Sie niedrigere Sorten wie die beliebte 'Tête-à-Tête' am Gehölzrand, in Rasenflächen oder in den Steingarten. Höhere Sorten eignen sich für Beete und können mit anderen Frühjahrsblühern kombiniert werden.

Mein Tipp: Lassen Sie das Laub nach der Blüte so lange stehen, bis es gelb wird. So kann die Zwiebel Nährstoffe für das nächste Jahr einlagern.

Steckbrief

- » *Kleine bis mittelgroße Zwiebelpflanze*
- » *Höhe und Breite: Je nach Sorte 15–50 cm hoch und bis 10 cm breit.*
- » *Blätter: Schmal riemenförmig, grau- bis dunkelgrün.*
- » *Blüten: Sternförmig mit einer Nebenkrone in der Mitte; Farbe und Größe sind je nach Sorte variabel.*
- » *Blütezeit: März bis Mai.*
- » *Standortvorlieben: Sonnig. Nährstoffreicher, durchlässiger, nicht zu trockener Boden.*

Chinesische Pfingstrose

Paeonia lactiflora

In China wurden diese Pfingstrosen schon vor Jahrtausenden kultiviert, aber erst Anfang des 19. Jahrhunderts in Europa eingeführt. Rasch waren sie so beliebt, dass über 5000 prächtige Sorten entstanden. Pfingstrosen können Jahrzehnte am selben Standort verbleiben und werden ungern verpflanzt. Sollte das doch einmal nötig sein, ist der Herbst der richtige Zeitpunkt dafür. Dabei dürfen die Triebknospen nur knapp mit Erde bedeckt sein. Ansonsten sind Pfingstrosen ziemlich pflegeleicht. Düngen schadet allerdings nicht, denn Pfingstrosen brauchen zur Zeit des Austriebs reichlich Futter. Eine robuste Schwester der chinesischen Edelgewächse ist die im Mittelmeerraum heimische und hierzulande eingebürgerte Bauern-Pfingstrose (*Paeonia officinalis*), die etwas früher im Jahr erblüht. Die am weitesten verbreitete Sorte dieser typischen Bauerngartenpflanze ist 'Rubra Plena'. Sie hat dunkelrote, duftlose, gefüllte Blüten, die leider nur ein bis zwei Tage in der Vase halten. Deshalb lasse ich sie lieber im Garten stehen.

Paeonia lactiflora 'Bowl of Beauty'

Steckbrief

- *Langlebige Prachtstaude*
- *Höhe und Breite: Bis 90 cm hoch und bis 70 cm breit.*
- *Blätter: Gefiedert, dunkelgrün.*
- *Blüten: Sehr variabel, von offen, schalenförmig bis dicht gefüllt, etwa 10 cm breit.*
- *Blütezeit: Je nach Sorte Ende Mai bis Anfang Juli.*
- *Standortvorlieben: Sonnig. Tiefgründiger, humoser, nährstoffreicher Boden.*

Sorten:

- 'Festiva Maxima': Weiße, rot gefleckte, duftende, gefüllte Blüten.
- 'Jan van Leeuwen': Reinweiße, ungefüllte Blüten mit gelben Staubgefäßen.
- 'Sarah Bernhardt': Zartrosafarbene, duftende, gefüllte Blüten.

Mein Tipp: Dicht gefüllte Sorten sollten Sie aufbinden, weil die schweren Blüten sonst abknicken. Schneiden Sie Pfingstrosen für die Vase, sobald die kugeligen Knospen Farbe zeigen.

Phlox, Flammenblume

Phlox paniculata

Phlox paniculata 'Uspech'

Steckbrief

- » Rabatten- und Schnittstaude
- » Höhe und Breite: Je nach Sorte 40–120 cm hoch und 60 cm breit.
- » Blätter: Lanzettlich, frischgrün, bis 15 cm lang.
- » Blüten: Halbkugelige Dolden mit zahlreichen, bis 2,5 cm breiten, radförmigen Einzelblüten.
- » Blütezeit: Juli bis September.
- » Standortvorlieben: Sonnig. Humoser, nährstoffreicher, durchlässiger, tiefgründiger Boden.

Für Bauerngärten, bunte Rabatten und als Schnittstaude ist Stauden-Phlox im Garten fast unentbehrlich. Es gibt zahlreiche Sorten in einem breiten Farbspektrum von Weiß über Rosa und Rot bis fast Blauviolett. Manche Sorten haben Blüten mit einem farblich abgesetzten Auge und einige duften herrlich.
Die Blütezeiten der Sorten variieren. Bei einer geschickten Kombination von früh, mittelfrüh und spät blühenden Sorten können Sie die Blütensaison bis in den September hinein ausdehnen.
Ein Vorblüteschnitt um gut ein Drittel ab Ende Mai oder Anfang Juni erhöht die Standfestigkeit, fördert die Verzweigung und führt zu späterer Blüte. Ich schneide meist die äußeren Triebe kräftig zurück und lasse die mittleren ungeschoren davonkommen. So stützen die gestutzten Triebe, wenn sie sich verzweigen, die ungestutzten. Phlox braucht gleichmäßig feuchten Boden und leidet, wenn es im Sommer zu heiß wird. Deshalb machen ihm in manchen Regionen die sommerlichen Hitze- und Trockenperioden der letzten Jahre zunehmend zu schaffen. Ständiges Gießen kann vorübergehend Abhilfe schaffen, ist aber auf Dauer lästig. Besser kommt der ganz ähnlich aussehende Breitblatt-Phlox (*Phlox amplifolia*) in Zeiten des Klimawandels mit Hitzeperioden zurecht. Auch von dieser Art gibt es zahlreiche schöne Sorten.

Mein Tipp: Ein Nachteil dieser wunderbaren Staude ist die Anfälligkeit für Mehltaubefall. Vorbeugend helfen eine optimale Standortwahl und gute Luftzirkulation.

PRACHTKERZE

Gaura lindheimeri

Die buschig wachsende Prachtkerze ist mit ihren lockeren, rosaweißen Blüten ein echter Dauerblüher von Juni bis weit in den Oktober hinein. Erst der Frost knipst ihnen das Licht aus. Die bis 3 cm breiten, grazilen, an schlanken Rispen tanzenden Blüten locken viele Insekten an. Es sieht zu komisch aus, wenn dicke Hummeln an den zarten Blüten wippen! Die Staude ist zwar eher kurzlebig, sie sät sich aber an allen ihr zusagenden Standorten gern aus und erhält sich dadurch selbst. Keine Bange, sie wird dabei niemals lästig! Wenn sich die Prachtkerze im Garten einmal etabliert hat, braucht sie kaum noch Pflege. Das Ausputzen welker Blüten übernimmt sie selbst. Schädlinge und Krankheiten sind ebenfalls kein Thema, sogar Nacktschnecken finden keinen Gefallen an ihr. Inzwischen gibt es einige niedrig wachsende Sorten, die sich auch für die Pflanzung in Balkonkästen und Töpfen eignen, etwa 'Short Form' mit einer maximalen Wuchshöhe von 50 cm, oder 'Sunset Dreams', die in kräftigem Rosa blüht und nur 30–40 cm hoch wächst. Die etwa 75 cm hoch wachsende Sorte 'Whirling Butterflies' ist standfester und reichblütiger als die Urform und versamt sich in der Regel nicht.

Gaura lindheimeri

Mein Tipp: Weil die Prachtkerze Winternässe schlecht verträgt, pflanzen Sie diesen Gartenschatz am besten im Frühjahr. Geben Sie Sand oder feinen Kies ins Pflanzloch, damit die Staude sich nicht schmollend verabschiedet, weil sie „nasse Füße" hat.

Steckbrief

- *Buschige Blütenstaude*
- *Höhe und Breite: Je nach Sorte bis 150 cm hoch und bis 90 cm breit.*
- *Blätter: Lanzettlich, mittelgrün, 2,5–8 cm lang.*
- *Blüten: Lockere Rispen mit kleinen, rosaweißen Blüten.*
- *Blütezeit: Juni bis Oktober.*
- *Standortvorlieben: Sonnig. Durchlässiger, mäßig feuchter Boden.*

Ährige Prachtscharte

Liatris spicata

Liatris spicata

Diese aparte Staude hat lange, aufrechte Blütenstände, an denen die kleinen, rosalilafarbenen Einzelblüten von oben nach unten erblühen. Die lange Blütezeit und ihre Pflegeleichtigkeit zeichnen diese Staude besonders aus. Zur Blütezeit ist sie ein echter Bienen- und Schmetterlingsmagnet und zudem eine gute Schnittblume. Pflanzen Sie am besten immer gleich mehrere Exemplare in kleinen Gruppen. Bei Exemplaren in Einzelstellung verpufft die tolle Wirkung dieser schlanken Schönen nämlich einfach. Die Pflanze wirkt dann eher etwas bieder und im schlimmsten Fall wie ausgesetzt. Sorgen Sie auch immer für eine passende Begleitung im Beet mit möglichst anderen Blütenfarben und -formen. Gute Pflanzpartner sind Scheinsonnenhut (*Echinacea purpurea*), Sonnenhut (*Rudbeckia fulgida*), Storchschnabel-Arten (*Geranium*) und halbhohe Ziergräser wie etwa Federborstengras (*Pennisetum alopecuroides*). Neben der Urform, deren Blütenstände bis 80 cm hoch werden, gibt es einige weitere Sorten.

Sorten:

- 'Floristan Violett': Leuchtend violette Blüten, 90 cm hoch.
- 'Floristan Weiß': Reinweiße Blüten, 80 cm hoch.
- 'Kobold': Violette Blüten, 40 cm hoch.

Mein Tipp: Wühlmäuse fressen gern die knollenartigen Wurzeln. Es hat sich bewährt, diese bei der Pflanzung in nach oben offene Körbchen aus verzinktem, feinmaschigem Draht zu setzen, um sie so vor den Nagern zu schützen.

Steckbrief

- » *Schlanke, aufrechte Blütenstaude*
- » *Höhe und Breite: Bis 90 cm hoch und bis 45 cm breit.*
- » *Blätter: Schmal riemenförmig, büschelig, 30–40 cm lang.*
- » *Blüten: Kolbenförmige Ähren mit zahlreichen kleinen Einzelblüten.*
- » *Blütezeit: Juli bis September.*
- » *Standortvorlieben: Sonnig. Mäßig nährstoffreicher, durchlässiger, aber nicht zu trockener Boden.*

Garten-Rittersporn

Delphinium-Cultivars

Rittersporn ist eine traditionelle Bauerngartenpflanze, allerdings nicht ganz pflegeleicht. Dafür entschädigt sie jede Mühe durch ihre fantastischen Blüten. Diese Prachtstaude sieht aus wie eine Diva – und verhält sich leider auch so. Schon im Austrieb ist Rittersporn anfällig für Schneckenfraß. Während des Wachstums braucht er reichlich Dünger sowie einen gleichmäßig feuchten Boden. Die hohen Blütentriebe brauchen meist eine Stütze, damit sie nicht abknicken. Nur zwergige Sorten kommen ohne Stütze aus. Belladonna-Hybriden sind standfester als Elatum-Hybriden. Letztere haben größere Einzelblüten. Das Farbspektrum umfasst bei beiden Sortengruppen nahezu alle Blautöne. Hinzu kommen Weiß-, Violett- und Rosatöne. Zur Auswahl stehen Sorten mit einfachen, halb oder dicht gefüllten Blüten. Die Serie 'New-Millenium' ist relativ neu und präsentiert herrliche Blütenfarben und -formen bei relativ hoher Standfestigkeit.

Delphinium-Hybride

Steckbrief

- *Hohe Prachtstaude*
- *Höhe und Breite: Bis 180 cm hoch und 30–60 cm breit.*
- *Blätter: Grundblätter handförmig, eingeschnitten, gezähnt und bis 20 cm lang. Die Stängelblätter sind kleiner.*
- *Blüten: Schlanke Rispen mit vielen Einzelblüten.*
- *Blütezeit: Juni/Juli und September/Oktober.*
- *Standortvorlieben: Sonnig. Humoser, nährstoffreicher, durchlässiger, gleichmäßig feuchter Boden.*

Sorten

- Belladonna-Hybride 'Atlantis': Tiefblaue Blüten, standfest, 80–100 cm hoch.
- Belladonna-Hybride 'Ballkleid': Hellblaue Blüten, weißes Auge, 120 cm hoch.
- Belladonna-Hybride 'Moerheimii': Weiße Blüten, 100–120 cm hoch.
- Elatum-Hybride 'Finsteraarhorn': Tief violettblaue Blüten, braunes Auge, 170 cm hoch.
- Elatum-Hybride 'Sternennacht': Dunkelblaue Blüten, weißes Auge, 150 cm hoch.

Mein Tipp: Sofort nach der Blüte kräftig zurückgeschnittene Pflanzen entwickeln im Spätsommer oft einen zweiten Flor.

Steppen-Salbei

Salvia nemorosa

Der Steppen-Salbei ist eine robuste, lang blühende Beetstaude für den Vordergrund mit guter Fernwirkung. Aber auch in Steingärten und an eher trockenen Standorten, an denen andere Sommerstauden früher oder später schlapp machen, kann er gepflanzt werden. Die Blütenfarbe variiert je nach Sorte zwischen Blau und Violett sowie Weiß. Am häufigsten werden die blauen und violetten Sorten gepflanzt, etwa der violettblaue Klassiker 'Ostfriesland' oder die fast schwarzblaue Sorte 'Mainacht'. Insekten fliegen auf die kleinen Lippenblüten. Wo kräftige Farbe in den Beeten gewünscht wird, darf Steppen-Salbei einfach nicht fehlen! Schöne Begleiter sind Stauden mit ähnlichen Standortansprüchen wie Sonnenhut (*Rudbeckia fulgida*), Mädchenauge (*Coreopsis*) und niedrige Ziergräser. Bei allen Vorzügen gibt es aber auch einen kleinen Haken: Nacktschnecken haben Steppen-Salbei zum Fressen gern, und zwar nicht nur die Jungpflanzen. Sie raspeln auch ausgewachsene Exemplare ruck-zuck weg, wenn sie nicht daran gehindert werden! Ich habe inzwischen resigniert und verzichte darauf, ihn alljährlich wieder an die Biester zu verfüttern. Aber ich kenne Gärten, wo er ganz wunderbar gedeiht.

Steckbrief

- *Aufrechte, reich verzweigte Blütenstaude*
- *Höhe und Breite: 40–60 cm hoch und bis 50 cm breit.*
- *Blätter: Lanzettlich, bis 10 cm lang, mittelgrün.*
- *Blüten: Aufrecht stehende, kerzenförmige Ähren mit kleinen Blüten.*
- *Blütezeit: Mai/Juni und August/September.*
- *Standortvorlieben: Sonnig. Nährstoffreicher, mäßig feuchter bis trockener, durchlässiger, kalkhaltiger Boden.*

Salvia nemorosa

Mein Tipp: Damit Sie sich zwei Mal in der Saison an den schönen Blüten erfreuen können, schneiden Sie die Pflanze nach der ersten Blüte um gut ein Drittel zurück. Dann erleben Sie im Hoch- bis Spätsommer eine Nachblüte.

Scheinsonnenhut, Igelkopf

Echinacea purpurea

Diese Staude blüht im Hoch- und Spätsommer recht lange und ist ein echter Blickfang im Beet. Dazu trägt die markante, braunrote, aufgewölbte Mitte bei. Ich finde, dass sie selbst nach dem Verblühen noch attraktive Akzente im Garten setzt. Am besten wirkt Roter Scheinsonnenhut, wenn er in Gruppen gepflanzt und mit anderen Stauden und Gräsern kombiniert wird. In Prärie- und Steppenbeeten ist er schon fast obligatorisch.

Viele Staudengärtnereien haben eine ähnlich aussehende Wildart im Sortiment, den Blassen Scheinsonnenhut (*Echinacea pallida*). Dessen Blüten haben aber schmale, hängende Blütenblätter. Diese Art wirkt insgesamt zierlicher und passt gut in naturnahe Pflanzungen. Für den gleichen Zweck eignet sich Gelber Scheinsonnenhut (*E. paradoxa*) mit gelben Blüten und einem braunen „Igelkopf" in der Mitte. Viele der modernen Züchtungen sind Kreuzungen (*Echinacea*-Hybriden), die zwar spektakulär in Form und Farbe, aber meist sehr kurzlebig sind.

Manche überstehen kaum den ersten Winter und sind meiner Meinung nach eigentlich eher Schnittblumen mit ein paar Alibi-Wurzeln untendran. Um länger Freude an dieser schönen Staude zu haben, sollten Sie bei der bewährten Urform oder den wilden Geschwistern bleiben.

Mein Tipp: Wenn Sie verwelkte Blütenköpfchen sofort ausschneiden, bilden sich rasch neue. Das verlängert die Blütezeit der Staude.

Echinacea purpurea

Steckbrief

- *Aufrechte Blütenstaude*
- *Höhe und Breite: Bis 120 m hoch und bis 45 cm breit.*
- *Blätter: Dunkelgrüne, bis 15 cm lange Grundblätter. Die Stängelblätter sind kleiner.*
- *Blüten: Bis 12 cm breite, purpurrosafarbene, margeritenartige Körbchenblüten mit nach oben gewölbter, braunroter Mitte.*
- *Blütezeit: Juli bis September.*
- *Standortvorlieben: Sonnig. Durchlässiger, nährstoffreicher, humoser Boden.*

Iris Barbata-Elatior 'Aglaja von Stein'

Hohe Schwertlilie

Iris Barbata-Elatior-Gruppe

Hohe Schwertlilien sind im Frühjahr ein echter Blickfang. Die prächtigen Blüten öffnen sich am Blütenstängel eine nach der anderen von unten nach oben über einen Zeitraum von etwa drei Wochen. Sie haben sechs Blütenblätter, von denen drei nach oben weisen und drei nach unten. Die Skala der Blütenfarben ist beeindruckend: Vom klarsten Weiß über sämtliche Farben und Schattierungen des Regenbogens bis hin zu fast schwarzen Blau- und Purpurtönen. Nur echtes Rot kommt nicht vor. Dafür gibt es aber zwei- und mehrfarbige Sorten und solche mit gerüschten Blüten.
Der pelzige „Bart" auf den Hängeblättern ist meistens gelb oder orangefarben. Manche Sorten duften. Ich breche verwelkte Blüten regelmäßig aus, damit die Wirkung der verbleibenden Blüten nicht beeinträchtigt wird und bei Regenwetter keine Fäulnis auftritt.
Das geht ganz einfach im Vorübergehen und macht so gut wie keine Arbeit. Pflanzen Sie als Begleiter nur feine, kleinblumige Gewächse wie Storchschnabel-Arten (*Geranium*) oder Frauenmantel (*Alchemilla*). Denn meiner Meinung nach kann es im Beet nur eine einzige Primaballerina geben und man muss sich für eine entscheiden, damit sie sich nicht gegenseitig die Schau stehlen.

Mein Tipp: Die beste Zeit für das Ein- oder Umpflanzen ist der Hochsommer. Die fleischigen Rhizome dürfen höchstens 5 mm hoch mit Erde bedeckt sein. Kürzen Sie nach dem Pflanzen die Blätter auf etwa die Hälfte ein.

Steckbrief

- *Straff aufrecht wachsende Rhizomstaude*
- *Höhe und Breite: Je nach Sorte bis 90 cm hoch (Blütenstände) und bis 30 cm breit.*
- *Blätter: Schwertförmig, blaugrün, bis 4 cm breit und bis 65 cm lang.*
- *Blüten: An mehr oder weniger verzweigten Stängeln reihen sich 6–10 cm große Blüten übereinander.*
- *Blütezeit: April bis Juni.*
- *Standortvorlieben: Sonnig. Sehr gut durchlässiger, eher trockener als feuchter Boden.*

Stauden-Sonnenblume

Helianthus decapetalus

Sonnenblumen kennen die meisten als immer hungrige und durstige Riesengewächse, die am Ende der Saison erschöpft die Köpfe hängen lassen – und das war es dann auch mit der Pracht. Und zwar für immer. Das trifft auf diejenigen Pflanzen zu, die man als Einjährige aus Samen heranzieht. Doch es gibt auch mehrjährige Stauden-Sonnenblumen, die deutlich weniger anspruchsvoll sind und länger als nur eine Saison durchhalten. Sie bilden kräftige Büsche und viele fröhliche Blütenköpfe. Diese sind zwar kleiner als die ihrer einjährigen Verwandten, dafür erscheinen sie aber umso zahlreicher. Stauden-Sonnenblumen sehen besonders schön in Bauerngärten und gemischten Rabatten aus. Zudem sind sie lange haltbare Schnittblumen. Bewährte Sorten sind 'Capenoch Star', 'Meteor' und 'Soleil d'Or'. Außer der genannten Art *H. decapetalus* findet man im Handel oft weitere Arten. So etwa die Kleinblütige Sonnenblume (*Helianthus microcephalus*) mit standfesten, lang blühenden Büschen. Deren Sorte 'Lemon Queen' hat hell zitronengelbe Blütenkörbchen. Gute Pflanzpartner für Stauden-Sonnenblumen sind unter anderem Sonnenbraut (*Helenium*-Sorten), Sonnenhut (*Rudbeckia fulgida*), Phlox (*Phlox amplifolia* und *P. paniculata*) sowie Chinaschilf (*Miscanthus sinensis*).

Mein Tipp: Stauden-Sonnenblumen bilden schon nach wenigen Jahren breite Büsche. Ich grabe die Horste alle drei bis vier Jahre aus, teile sie und verhindere so, dass sie das alleinige Regiment im Beet übernehmen.

Steckbrief

- *Rhizome bildende Sommerstaude*
- *Höhe und Breite: Bis 150 cm hoch und bis 100 cm breit.*
- *Blätter: Eiförmig bis lanzettlich, mittelgrün, bis 20 cm lang.*
- *Blüten: Bis 8 cm breite, hellgelbe Körbchenblüten mit gelbbraunem Knopf.*
- *Blütezeit: Juli bis September.*
- *Standortvorlieben: Sonnig. Nährstoffreicher, durchlässiger Boden.*

Helianthus decapetalus

Helenium-Hybride 'Waltraud'

Sonnenbraut

Helenium-Cultivars

Die wilden Ahnen dieser schönen Sommerstaude stammen aus Nordamerika. Im Handel finden sich aber heutzutage fast ausschließlich Kreuzungen (Hybriden). Diese sind lang blühende Beetstauden, die in großen Gruppen am schönsten aussehen. Sonnenbraut passt auch gut in Bauerngärten. Dort geht sie mit gleichzeitig blühenden, hohen Asternarten und hohen Ziergräsern wie Chinaschilf (*Miscanthus sinensis*) eine gute Partnerschaft mit einer tollen Fernwirkung ein. Außerdem ist Sonnenbraut eine der besten Schnittblumen für den Spätsommer, weil die Blüten lange in der Vase halten. Wenn Sie es schaffen, die Frühjahrstriebe vor Schneckenfraß zu schützen, werden Sie viel Freude an den Pflanzen haben. In meinem Garten steht eine Pflanze schon rund zwanzig Jahre am selben Standort und ist immer noch so blühfreudig wie im ersten Jahr. Ich teile sie alle paar Jahre im zeitigen Frühjahr.

Sorten:

- 'Baudirektor Linne': Rot, bis 130 cm hoch.
- 'Flammenrad': Braunrot geflammt, bis 130 cm hoch.
- 'Kugelsonne': Gelb, bis 170 cm hoch.
- 'Rubinzwerg': Rubinrot, bis 80 cm hoch.
- 'Waltraud': Kupferfarben, bis 80 cm hoch.

Mein Tipp: Wenn Sie Mitte bis Ende Mai die Triebe auf zwei Drittel einkürzen, verzweigen sie sich und werden standfester. Weil zur selben Zeit alljährlich in London die legendäre Chelsea Flower-Show stattfindet, nennen manche diese Pflegemaßnahme „Chelsea Schnitt".

Steckbrief

» *Hohe Sommerstaude*
» *Höhe und Breite: Bis 170 cm hoch und 45 cm breit.*
» *Blätter: Eiförmig bis lanzettlich, mittelgrün, 10–15 cm lang.*
» *Blüten: Schirmrispen mit zahlreichen, bis 5 cm breiten, gelben bis rostroten Körbchenblüten mit kugeligem Knopf.*
» *Blütezeit: Juli bis September.*
» *Standortvorlieben: Sonnig. Nährstoffreicher, durchlässiger Boden.*

Sonnenhut

Rudbeckia fulgida

Sonnenhut ist eine zuverlässige Staude für sonnige Staudenbeete und Rabatten. Am häufigsten im Handel sind zwei Varietäten: *Rudbeckia fulgida* var. *sullivantii* mit schmalen, lanzettlichen, am Rand gesägten, dunkelgrünen Blättern ('Goldsturm' hat besonders große Blüten) und *R. f.* var. *deamii* mit stark behaarten Sprossen und behaarten, mittelgrünen Blättern. Die Blüten der beiden Varianten sehen sehr ähnlich aus, aber in Zeiten des Klimawandels könnte es wichtig werden, dass die Varietät *deamii* trockenere Standorte deutlich besser verträgt als die Varietät *sullivantii*. Ansonsten sind beide ziemlich pflegeleicht.
Nur Nacktschnecken sind zu Beginn des Austriebs eine ernst zu nehmende Gefahr. Außerdem mögen Sonnenhut-Kinder es nicht, wenn ihnen Nachbarn zu dicht auf die Pelle rücken. Haben sich die Pflanzen schließlich ihren Platz im Beet erobert, können sie sich selbst überlassen bleiben. Sonnenhut braucht keine Stütze, keinen Dünger, und Schädlinge halten sich in der Regel auch fern. Am besten wirkt er in größeren Gruppen. Gute Begleiter im Beet sind sommerblühende Astern, Steppen-Salbei (*Salvia nemorosa*) und mittelhohe Ziergräser wie Federborstengras (*Pennisetum alopecuroides*). Sonnenhut ist zudem eine schöne Schnittblume, die lange in der Vase hält.

Mein Tipp: Lassen Sie nach dem Verblühen die Stängel einfach stehen. Die trockenen Fruchtstände sehen auch im Winter schön aus. Im Frühjahr schneiden Sie die Reste dann bodeneben ab.

Rudbeckia fulgida

Steckbrief

- *Mittelhohe Blütenstaude*
- *Höhe und Breite: Bis 90 cm hoch und 45 cm breit.*
- *Blätter: Große, ovale Grundblätter und kleinere, lanzettliche Stängelblätter.*
- *Blüten: Bis 7 cm breite Blütenköpfe mit orangegelben Strahlenblüten und braunschwarzer Mitte.*
- *Blütezeit: Juli bis September.*
- *Standortvorlieben: Sonnig. Mäßig nährstoffreicher, durchlässiger Boden.*

Storchschnabel-Hybriden

Geranium-Cultivars

Geranium psilostemon

Auf Storchschnäbel im Garten zu verzichten wäre wirklich ein Fehler. Kaum eine Staudenart ist vielseitiger verwendbar. Für alle Anfänger besonders empfehlenswert sind Hybriden, also Kreuzungen dieser Gattung. Sie vereinen alle Vorzüge der natürlichen Arten: Sie sind pflegeleicht, anpassungsfähig und blühen entweder einmal, und dann rauschhaft, so wie der Pracht-Storchschnabel (*Geranium × magnificum*). Oder sie bringen den ganzen Sommer über immer wieder neue Blüten hervor, wie die beliebte Hybride 'Rozanne'®. Als diese Hybride vor einigen Jahren eingeführt wurde, war die Begeisterung bei Staudenfreunden groß. Denn viele schöne Storchschnabel-Arten hatten bisher den klitzekleinen Nachteil, nur wenige Wochen im Jahr zu blühen. Dauerblüher wie 'Rozanne'® sind den ganzen Sommer über verlässliche Begleiter für Prachtstauden, Rosen oder Ziergräser. Alle Storchschnabel-Arten werden übrigens von Schnecken gemieden.

Sorten

- *G. × cantabrigiense*: Weiße bis zartrosafarbene Blüten.
- *G.-Cultivar* 'Rozanne'®: Violettblaue Blüten.
- *G. × magnificum*: Blauviolette Blüten.
- *G. × oxonianum*: Lilarosafarbene Blüten.
- *G. pratense*: Lichtblaue Blüten.
- *G. psilostemon-Cultivar* 'Ann Folkard': Magentarote Blüten mit schwarzem Auge.

Mein Tipp: Einige Storchschnabel-Hybriden schwächeln nach der ersten Blüte. Schneiden Sie sie im Hochsommer kräftig zurück, dann gibt es meist Blütennachschub im Spätsommer.

Steckbrief

» *Niedrige bis mittelhohe Beetstaude*
» *Höhe und Breite: Bis 60 cm hoch und breit.*
» *Blätter: Handförmig, gelappt oder gezähnt, mittelgrün, bis 20 cm lang.*
» *Blüten: Bis 5 cm große Schalenblüten in Weiß und verschiedenen Blau- und Rosatönen.*
» *Blütezeit: Variabel, von Juni bis zum ersten Frost.*
» *Standortvorlieben: Sonnig bis halbschattig. Fruchtbarer, lehmig-humoser, nicht zu trockener Boden.*

Tulipa saxatalis

Tulpe

Tulipa

Die Tulpenfamilie ist eine variantenreiche Gruppe kleiner, mittelgroßer und großer Zwiebelpflanzen mit vielfältigem Erscheinungsbild: früh, mittel und spät blühende Sorten, ein- oder mehrfarbige Blüten. Meistens werden im Garten Zuchtformen, also Tulpen-Hybriden, gepflanzt. Doch es gibt auch bezaubernde Wildarten, etwa die einheimische, gelb blühende Wilde oder Weinberg-Tulpe (*Tulipa sylvestris*) oder die Kretische Tulpe (*T. saxatilis*), die einen Versuch lohnen. Egal ob Wildform oder gezüchtet – der Knalleffekt der Blüten im Frühjahr ist garantiert, weil zu dieser Jahreszeit kaum eine andere Pflanze mit so viel Vitalität auftrumpft. Pflanzen Sie die Zwiebeln zwischen Ende September und November 10–15 cm tief ein, damit sich im kommenden Frühjahr die Blütenpracht entfaltet. Tut sich zur Zeit der Apfelblüte immer noch nichts, haben sich vielleicht Mäuse mit den Zwiebeln den Bauch vollgeschlagen. Ich hatte das Problem anfangs leider unterschätzt. Seitdem pflanze ich Tulpenzwiebeln nur noch in kleine, nach oben offene Körbchen aus verzinktem Drahtgeflecht. Lassen Sie die Blätter nach der Blüte stehen, bis sie von selbst welken. So sammeln die Pflanzen Kraft fürs nächste Jahr.

Mein Tipp: Das Ausgraben nach der Blüte und das Einlagern der Tulpenzwiebeln über den Sommer waren früher üblich. Robuste Sorten überdauern die Ruhezeit aber auch in der Erde und treiben im nächsten Frühjahr wieder aus.

Steckbrief

- *Mittelhohe Zwiebelpflanze*
- *Höhe und Breite: Je nach Sorte 15–60 cm hoch und bis 10 cm breit.*
- *Blätter: Breit riemenförmig, graublau, bis 50 cm lang.*
- *Blüten: Kelchförmig, einfach, halb gefüllt oder gefüllt, in vielen Farben außer Blau.*
- *Blütezeit: Je nach Sorte April bis Anfang Juni.*
- *Standortvorlieben: Sonnig. Fruchtbarer, durchlässiger Boden.*

Zierlauch

Allium

Zierlauch ist geballte Schönheit und wirklich das i-Tüpfelchen für Ihren Garten. Die kugeligen Blütenstände stehen auf langen, schlanken Stängeln und sind im Frühjahr und Sommer ein Blickfang mit toller Fernwirkung. Es gibt halbhohe Arten mit kleineren oder größeren Blütenbällen, mittelhohe wie Iran-Lauch und wahrhafte Giganten wie den Riesen-Lauch. Auch ganz gewöhnlicher Schnitt-Lauch (*Allium schoenoprasum*) ist eine schöne Blütenpflanze mit seinen violetten Blütenbällen von 2,5 cm Durchmesser. Es gibt ihn auch in Weiß, Cremefarben oder Burgunderrot. Schnitt-Lauch eignet sich für Töpfe und Balkonkästen, für sonnige Steingärten und als hübsche, essbare Beeteinfassung im Gemüse- oder Kräutergarten. Bei vielen Zierlauch-Arten wird das Laub vor oder während der Blüte unansehnlich. Um das zu kaschieren, pflanzen Sie einfach Begleitpflanzen wie Katzenminze (*Nepeta*) oder Storchschnabel (*Geranium*) in die unmittelbare Nachbarschaft. Hohe Arten brauchen eventuell eine Stütze.

Steckbrief

- » *Kleine, mittelhohe bis hohe Zwiebelpflanze*
- » *Höhe: Je nach Art und Sorte 20–150 cm hoch.*
- » *Blätter: Riemenförmig, grundständig.*
- » *Blüten: Kugelige Dolden mit vielen sternförmigen Einzelblüten in Weiß, Rosa oder Violett.*
- » *Blütezeit: Je nach Art und Sorte April bis Juli.*
- » *Standortvorlieben: Sonnig. Gut durchlässiger, nährstoffreicher Boden.*

Sorten

- Iran-Lauch (*A. aflatunense*): Purpurrosa, 80–100 cm hoch.
- Kugel-Lauch (*A. sphaerocephalon*): Rotbraun, 70–100 cm hoch.
- Paukenschläger-Lauch (*A. rosenbachianum*): Purpurn, bis 100 cm hoch.
- Riesen-Lauch (*A. giganteum*): Rosaviolett, 150–170 cm hoch.
- Schwarzer Lauch (*A. nigrum*): Weiß, 60–80 cm hoch.
- Sternkugel-Lauch (*A. christophii*): Rosapurpurn, bis 50 cm hoch.

Mein Tipp: Geben Sie für eine gute Dränage etwas Feinkies oder Sand zuunterst ins Pflanzloch.

Allium
'Globemaster'

Woll-Ziest

Stachys byzantina

Die graufilzigen Blätter brachten der Staude den Spitznamen „Eselsohren" ein. Die in milden Wintern immergrüne Staude eignet sich hervorragend als Bodendecker für sonnige Standorte und als Einfassung für Stauden- und Rosenbeete. Im Frühsommer gesellen sich die schlanken Blütenstängel des Woll-Ziests charmant zu edlen Rosenblüten. Passende Pflanzpartner sind zudem Frauenmantel (*Alchemilla*), Katzenminze (*Nepeta*), Storchschnabel (*Geranium*) und rotlaubige Sorten von Purpurglöckchen (*Heuchera*-Hybriden). Woll-Ziest ist übrigens ein echter Hungerkünstler. Er wird wegen seiner Anspruchslosigkeit und Hitzeverträglichkeit auch zur Dachbegrünung sowie in Kiesgärten eingesetzt. Die im Frühsommer erscheinenden Blüten sehen, insbesondere bei nassem Wetter, manchmal etwas unordentlich aus. Weil sie kaum oder gar nicht blüht, wird deshalb immer wieder die Sorte 'Silver Carpet' empfohlen. Aus Sicht nektarsuchender Insekten ist das natürlich keine gute Wahl. Sollten Sie sich dennoch für 'Silver Carpet' entscheiden, können Sie dieses Manko aber durch das Pflanzen von Bienenweidepflanzen kompensieren. Wenn Sie Woll-Ziest als Bodendecker verwenden möchten, brauchen Sie elf Pflanzen pro Quadratmeter.

Mein Tipp: Schneiden Sie nach der Blüte die welken Stängel tief unten ab. Im Laufe des Sommers wird ein Teil des Laubes braun und unansehnlich. Es lohnt sich daher, ab und zu mal „durchzuputzen", dann sieht die Pflanzung einfach besser aus.

Stachys byzantina

Steckbrief

- *Matten bildende Staude*
- *Höhe und Breite: Bis 45 cm hoch (Blütenstände, die Blätter wachsen kaum handbreit über dem Boden) und unbegrenzt breit.*
- *Blätter: Elliptisch, mit silbrigen Härchen besetzt, bis 10 cm lang.*
- *Blüten: Kleine, rosalilafarbene Blüten an aufrechten Sprossen.*
- *Blütezeit: Juni bis September.*
- *Standortvorlieben: Sonnig. Durchlässiger, eher trockener als feuchter Boden.*

Fächer-Ahorn

Acer palmatum

Acer palmatum

Einheimische Ahorn-Arten wie Berg-, Feld- und Spitz-Ahorn sowie viele amerikanische Ahorn-Arten werden im Alter viel zu groß für Hausgärten. Fächer-Ahorn eignet sich dagegen hervorragend für kleinere Gärten. Ein weiterer Vorzug dieser manchmal auch strauchartig kultivierten Art ist das langsame Wachstum. Die maximale Höhe wird erst nach vielen Standjahren erreicht. Schlitz-Ahorn (die 'Dissectum'-Sorten dieser Art) ist besonders schwachwüchsig und bleibt mit maximal 2 m Höhe und Breite ein Zwerg unter den Gehölzen. Fächer-Ahorn eignet sich auch gut als langlebige Kübelpflanze für Balkone und Terrassen. Die Blätter vieler Sorten dieser Art sind die ganze Saison über leuchtend rot und bringen Farbe in den Garten. Richtig toll sehen Fächer-Ahorne aber im Herbst aus. Dann färbt sich das Laub in Gelb-, Orange- und Purpurtönen. Ähnlich ist der Japanische Ahorn (*Acer japonicum*), von dem es Sorten mit tief gelappten Blättern gibt, die sich im Herbst dunkelrot färben. Diese Art ist wüchsiger und wird bis 10 m hoch und breit.

Steckbrief

» *Kleiner bis mittelhoher Laubbaum*
» *Höhe und Breite: Je nach Sorte 2–10 m hoch und ebenso breit.*
» *Blätter: Im Umriss rundlich, fünflappig, bis 10 cm breit.*
» *Blüten: Klein, purpurrot, in Schirmrispen.*
» *Blütezeit: Mai/Juni.*
» *Standortvorlieben: Sonnig bis lichtschattig. Mäßig nährstoffreicher, durchlässiger Boden.*

Sorten

- 'Atropurpureum': Leuchtend purpurnes Laub, 6–8 m hoch.
- 'Bloodgood': Purpurnes Laub, 6–10 m hoch.
- 'Dissectum': Geschlitztes, grünes Laub, 2–4 m hoch.
- 'Dissectum Atropurpureum': Geschlitztes, dunkelrotes Laub, 2–4 m hoch.
- 'Osakazuki': Olivbraunes, später braungrünes Laub, 7–8 m hoch.

Mein Tipp: Fächer-Ahorn sollte möglichst nicht geschnitten werden, damit die von Natur aus schöne Wuchsform nicht beeinträchtigt wird.

Physocarpus opulifolius

Schneeball-Blasenspiere

Physocarpus opulifolius

Dies ist ein pflegeleichter Strauch, der sowohl für die Einzelstellung als auch für frei wachsende Hecken gut geeignet ist. Er ist leicht mit dem Gewöhnlichen Schneeball (*Viburnum opulus*) zu verwechseln. Aber wo der durstige Schneeball wegen seiner Standortansprüche schwächelt, kann die robuste Blasenspiere mit ihrer Anpassungsfähigkeit punkten. Der mittelgroße Strauch mag zwar Sonne, wächst aber auch an lichtschattigen Standorten in fast allen halbwegs nährstoffreichen Bodenarten, egal ob sie mäßig trocken oder frisch sind. Die leicht überhängenden Zweige tragen an ihren Enden im Mai/Juni kugelförmige, rosaweiße Blütenbälle, die Insekten anlocken. Die kleinen braunen Früchte sehen blasenartig aus und gaben dem Strauch seinen Namen. Öfter als die grünlaubige Art wird die Sorte ‘Diabolo’ gepflanzt. Von den metallisch dunkelroten Laubblättern dieser Sorte setzen sich die Blüten besonders schön ab. In voller Sonne behält der Strauch bis zum Herbst die schwarzrote Laubfärbung. Es gibt übrigens auch eine gelblaubige Sorte, ‘Dart’s Gold’, die kompakter als die Art wächst. Aber mal ehrlich: Wollen Sie sich wirklich ein Gehölz in den Garten pflanzen, das die ganze Saison über so aussieht, als wäre es schon Herbst?

Steckbrief

- » *Breitbuschiger, mittelgroßer Strauch*
- » *Höhe und Breite: 3–4 m hoch und breit.*
- » *Blätter: Fünflappig, dunkelgrün, bis 7 cm lang.*
- » *Blüten: Bis 5 cm breite Schirmrispen mit kleinen rosaweißen Einzelblüten.*
- » *Blütezeit: Mai/Juni.*
- » *Standortvorlieben: Sonnig bis halbschattig. Alle durchlässigen Bodenarten, mäßig trocken bis frisch.*

Mein Tipp: Ältere Triebe sollten alle paar Jahre im zeitigen Frühjahr vor dem Austrieb oder direkt nach der Blüte bodennah ausgeschnitten werden. Die meisten Blüten entwickeln sich an jungen Trieben.

Blauregen, Glyzine

Wisteria

Schneller, höher, weiter – diese sportlichen Attribute könnte man auch dem Blauregen zuordnen.

Es gibt eine rechtswindende, japanische Art (*Wisteria floribunda*) und eine linkswindende, chinesische (*W. sinensis*), die einander sehr ähnlich sind. Von beiden gibt es auch weiß blühende Sorten.

Die Blütentrauben sind sensationell prächtig und die später erscheinenden Fruchthülsen sehr dekorativ (aber giftig). Die rankenden Sprosse der fast tropisch üppig anmutenden Gattung erreichen schnell schwindelerregende Höhen. Deshalb eignet sich Blauregen gut für die rasche Begrünung von Mauern, Hausfassaden, Pergolen und Rankgerüsten.

Die stützende Konstruktion muss aber ausreichend stabil und tragfähig sein, um den Klettergiganten zu (er)tragen. Gut eignen sich verzinkte Spanndrähte, die mit etwas Abstand an der Hauswand befestigt werden. Auch wenn es verlockend ist: Pflanzen Sie den Blauregen nicht an das Fallrohr der Regenrinne! Die Sprosse neigen nicht nur zur Selbststrangulierung, sondern können durch ihr Dickenwachstum auch Regenfallrohre zerquetschen. Damit Ihr Blauregen zuverlässig blüht, sollten Sie ihm einen regelmäßigen Sommerschnitt Ende Juli verpassen. Diesjährige Haupttriebe werden dabei bis auf 2 m, Seitentriebe bis auf 30 cm zurückgeschnitten.

Wisteria

Steckbrief

» *Starkwüchsige Kletterpflanze*
» *Höhe und Breite: 8–12 m hoch und breit.*
» *Blätter: Gefiedert, mittelgrün, 25–32 cm lang.*
» *Blüten: 40–80 cm lange, schlanke Trauben mit violetten Schmetterlingsblüten.*
» *Blütezeit: Mai/Juni.*
» *Standortvorlieben: Sonnig. Durchlässiger, nährstoffreicher Boden. Wärmeliebend.*

Mein Tipp: Pflanzen Sie eine Glyzine – dann freut sich auch die Biene! Vor allem die Blaue Holzbiene (*Xylocopa violacea*), aber auch andere Wildbienen und Hummeln, schätzen die Blüten des Blauregens als Nektarquelle.

Kahle Felsenbirne

Amelanchier laevis

Amelanchier laevis

Viele Hausgärten sind zu klein, um „richtige“ Bäume zu pflanzen. Für solche Fälle sind Felsenbirnen ideale Kandidaten. Die locker aufgebauten, langsam wachsenden Großsträucher werden oft mehrstämmig gezogen. Das anspruchslose, pflegeleichte Gehölz stammt aus Nordamerika. Der Strauch schmückt sich im Frühjahr mit zahlreichen kleinen weißen Blüten, die in hängenden Trauben stehen. Trotz seiner exotischen Herkunft sind die Blüten dieses Strauchs bei nektarsuchenden Insekten sehr beliebt. Die ab August reifenden, heidelbeergroßen, süßen Früchte eignen sich gut für Gelees und Konfitüren. Oft wird auch die Kupfer-Felsenbirne (*Amelanchier lamarckii*) gepflanzt, die ebenfalls aus Nordamerika stammt, aber mit 10 m Höhe und fast ebenso breiter Krone mehr Platz braucht. Auch sie blüht weiß und bildet essbare Früchte aus.

Für Fans von einheimischen Pflanzen empfehle ich die aus Mitteleuropa stammende Gewöhnliche Felsenbirne (*A. ovalis*). Sie bleibt mit maximal 3 m Höhe deutlich kleiner als ihre Verwandtschaft aus Übersee. Ihre Frühjahrsblüten sind eine gute Bienenweide und die Früchte ebenfalls essbar. Zum Ende der Gartensaison sind alle Felsenbirnen mit ihrem bunten Herbstlaub übrigens noch einmal ein toller Blickfang!

Steckbrief

- *Großstrauch*
- *Höhe und Breite: Bis 8 m hoch und etwa ebenso breit.*
- *Blätter: Eiförmig, bis 10 cm lang, im Austrieb bronzerot, später dunkelgrün.*
- *Blüten: Überhängende, bis 12 cm lange Trauben mit kleinen, weißen Einzelblüten.*
- *Blütezeit: April/Mai.*
- *Standortvorlieben: Sonnig bis halbschattig. Nährstoffreicher, durchlässiger, auch mäßig trockener Boden.*

Mein Tipp: Die Früchte der Kahlen Felsenbirne sind sehr schmackhaft. Wer sie nicht den Vögeln überlassen möchte, muss jedoch schneller sein als diese. Die Samen sind leicht giftig und sollten daher nicht zerkaut werden.

Fingerstrauch

Potentilla fruticosa

Potentilla fruticosa

Trockene Hitze mag dieser Strauch gar nicht. Ansonsten ist er völlig pflegeleicht. Ausputzen müssen Sie während des Sommers nichts, der Fingerstrauch übernimmt das dankenswerterweise selbst. Die Auswahl an Sorten ist groß. Häufig im Handel und sehr empfehlenswert ist die milchweiß blühende Sorte 'Abbotswood' (bis 1,2 m hoch). Gelb blüht die Sorte 'Goldfinger' (bis 1,3 m hoch) mit besonders langer Blütezeit. Sie können diesen ausdauernd blühenden Gartenschatz entweder einzeln oder in Gruppen im Vordergrund von Gehölzrabatten pflanzen. Gut lässt sich Fingerstrauch auch mit Gräsern, Rosen, Sommerblumen und Stauden kombinieren.

Mein Tipp: Oft wird geraten, Fingersträucher alle paar Jahre zur Verjüngung nahezu bodeneben zurückzuschneiden. Nach meiner Erfahrung regenerieren sich stark vergreiste Pflanzen danach aber nur mäßig gut.

Der Fingerstrauch ist ein überaus blühfreudiges, kleines Gehölz, das vom Spätfrühjahr bis weit in den Herbst hinein immer wieder neue Blüten hervorbringt. Der Strauch ist dabei dichttriebig, breitbuschig und eher langsam wachsend. Eine gute Wahl also für kleine Gärten! Die schalenförmigen Blüten mit gelben Staubgefäßen locken zahlreiche Insekten an und erscheinen an einjährigen Boden- und Seitentrieben. Deshalb können Sie den Strauch problemlos vor dem Austrieb einkürzen. Eigentlich ist ein Rückschnitt nicht nötig, aber junge Triebe sind einfach blühfreudiger als stark verholzte Alttriebe.

Steckbrief

- *Dicht verzweigter Kleinstrauch*
- *Höhe und Breite: Zwischen 0,5 und 1,3 m hoch und breit.*
- *Blätter: Gefiedert, seidig behaart, graugrün, bis 4 cm lang.*
- *Blüten: Bei der Urform gelb, bei Sorten auch weiß, rosa, kupfrig oder rot, bis 3 cm breit.*
- *Blütezeit: Juni bis Oktober.*
- *Standortvorlieben: Sonnig bis halbschattig. Alle durchlässigen, nicht zu trockenen Böden.*

Garten-Flieder, Gewöhnlicher Flieder

Syringa vulgaris

Früher wurde Flieder nur in Bauerngärten gepflanzt. Als aber im 19. Jahrhundert durch Züchtung neue Blütenfarben und -formen zur ungefüllten, blauviolett blühenden Urform hinzukamen, fand der Strauch seinen Weg auch in die Gärten des Bürgertums und des Adels. Die Züchter haben sich damals geradezu einen Wettlauf um die Einführung neuer Sorten geliefert. Viele der alten Sorten sind national und international nach wie vor im Handel, darunter zahlreiche russische mit – jedenfalls für mich – fast unaussprechlichen Namen. Zu den Klassikern hierzulande gehören 'Michel Buchner' (lila mit weißem Auge, gefüllt), 'Mme. Lemoine' (reinweiß, gefüllt) und 'Victor Lemoine' (helllila, gefüllt). Aber weil gefüllte Blüten für nektarsuchende Insekten uninteressant sind, sollten Sie sich vielleicht lieber für einfach blühende Sorten wie 'Andenken an Ludwig Späth' (purpurrot, ungefüllt) oder 'Primrose' (primelgelb, ungefüllt) entscheiden. Garten-Flieder ist erfreulich pflegeleicht. Er kann, muss aber nicht zurückgeschnitten werden. Wenn es sein muss, dann erfolgt das am besten vor der Blütezeit, denn Flieder blüht und wächst gleichzeitig. So entwickeln sich während der Blütezeit gleich neue Triebe, die dann im nächsten Jahr blühen.

Mein Tipp: Wenn Sie Flieder für die Vase schneiden, entfernen Sie alle Blätter an den Blütentrieben. Dann lassen die Blüten nicht so schnell die Köpfe hängen. Für schmückendes Blattgrün füllen Sie den Strauß einfach mit reinen Blatttrieben.

Steckbrief

» *Vielstämmiger Großstrauch*
» *Höhe und Breite: Bis 7 m hoch und breit.*
» *Blätter: Breit eiförmig, dunkelgrün, 5–10 cm lang.*
» *Blüten: Blauviolett, duftend, in 10–20 cm langen Rispen.*
» *Blütezeit: Mai.*
» *Standortvorlieben: Sonnig bis lichtschattig. Durchlässiger, nährstoffreicher, mäßig trockener bis frischer Boden.*

Syringa vulgaris

Japanische Blüten-Kirsche

Prunus serrulata

Die Wildform dieser Frühjahrs-Blüten-Sensation ist nicht im Handel, dafür aber zahlreiche schöne Sorten, die mit ihren Reizen im Frühjahr nicht geizen. Die Sorten unterscheiden sich in Wuchs, Blütenform und Blütezeit, nicht aber in ihren Standortansprüchen. Der Baum ist stadtklimaverträglich und – ungewöhnlich für so eine elegant blühende Schönheit – relativ anspruchslos und robust. Es gibt weitere ähnlich schöne Zierkirschen, etwa die Higan-Kirsche (*Prunus subhirtella*). Besonders attraktiv finde ich deren Sorte 'Accolade' mit halb gefüllten, hellrosa Blüten und schirmförmigem Wuchs. Sie wird bis 10 m hoch und bis 6 m breit. Ein echter Gartenschatz ist eine andere Sorte dieser Art namens 'Autumnalis'. Sie wird 3–5 m hoch und breit und beginnt bereits im Herbst zu blühen. Sie bringt, mit kurzen Pausen in frostigen Perioden, bis zum Frühjahr immer wieder neue kleine zartrosafarbene, duftende Blüten hervor. Wenn Sie mich fragen: Einfach phänomenal!

Steckbrief

» *Mittelgroßer Baum*
» *Höhe und Breite: Je nach Sorte 4–12 m hoch und bis 8 m breit.*
» *Blätter: Dunkelgrün, gespitzt-oval, schöne Herbstfärbung.*
» *Blüten: Einfache, halb oder dicht gefüllte, 3–4 cm breite Blüten in Weiß, Rosa oder Pink.*
» *Blütezeit: April/Mai.*
» *Standortvorlieben: Sonnig. Tiefgründiger, nährstoffreicher Boden.*

Sorten

- 'Amanogawa': Säulenförmig, 6–8 m hoch, 1–3 m breit, hellrosafarbene Blüten, halb gefüllt.
- 'Kanzan': Breit trichterförmig, bis 12 m hoch, 5–8 m breit, rosafarbene Blüten, gefüllt.
- 'Kiku-shidare-zakura': Halbkugelförmig, überhängend, 4–7 m hoch und 4–5 m breit, hellrosafarbene Blüten, gefüllt.
- 'Pink Perfection': Breit aufrecht, bis 5 m hoch und breit, große rosafarbene Blüten, ungefüllt.

Mein Tipp: Wählen Sie einen windgeschützten Standort, damit die zarten Blüten nicht davongeweht werden!

Prunus 'Accolade'

Europäischer Pfeifenstrauch, Sommerjasmin

Philadelphus coronarius

Philadelphus-Hybride 'Belle Etoile'

Der auch als Falscher oder Bauern-Jasmin bekannte Strauch bildet rasch einen schönen Strauch mit aufrechten Ästen und elegant übergeneigten Zweigen. Wenn diese sich im Frühjahr mit duftenden, cremeweißen Blüten schmücken, kennen Schmetterlinge, Hummeln und andere Insekten kaum ein anderes Ziel im Garten. Der Pfeifenstrauch eignet sich gut für gemischte Gehölzrabatten und Blütenhecken. Das pflegeleichte Gehölz macht jahrelang Freude, aber kaum Arbeit. Schnippeln Sie möglichst nicht an den Zweigen herum, damit sich keine wüsten Besen an deren Enden bilden. Um die Blühfreude zu erhalten, sollten Sie aber nach einigen Jahren ältere Triebe nach der Blüte bodeneben abschneiden. Die gleich wieder austreibenden jungen Triebe blühen dann im nächsten Jahr üppig. Neben der Urform finden sich im Handel zahlreiche Sorten, die zum Teil deutlich kompakter im Wuchs sind. Dazu zählen 'Belle Etoile' mit purpurnem Basalfleck in der Blüte und 'Dame Blanche' (beide bis 1,5 m hoch). 'Belle Etoile' hat für meinen Geschmack den schönsten Duft aller Pfeifensträucher. Die großen Blüten des nahe verwandten Duftlosen Pfeifenstrauchs (*Philadelphus inodorus*) sehen zwar toll aus, duften aber, wie der Name schon sagt, nach gar nichts.

Mein Tipp: Kaufen Sie Ihren Pfeifenstrauch möglichst blühend und immer mit der Nase! Der Blütenduft der verschiedenen Sorten wird rein subjektiv wahrgenommen und nicht immer von Jedem als angenehm empfunden.

Steckbrief

- *Mittelgroßer Strauch*
- *Höhe und Breite: 3–4 m hoch, bis 3 m breit.*
- *Blätter: Eiförmig, mattgrün, 4–8 cm lang.*
- *Blüten: Cremeweiß, duftend, bis 3,5 cm breit.*
- *Blütezeit: Mai/Juni.*
- *Standortvorlieben: Sonnig bis halbschattig. Durchlässiger, fruchtbarer, mäßig trockener bis feuchter Boden.*

Garten-Rosen

Rosa

Rosa gallica

Steckbrief

» *Blütensträucher mit breiter Variabilität in Wuchshöhe und -breite, Blütenform und -farbe. Die Blüten sind schalenförmig, einfach, halb oder dicht gefüllt, oft duftend, und haben alle Farben außer Blau.*

» *Standortvorlieben: Sonnig. Tiefgründiger, lehmiger, nährstoffreicher Boden.*

Die „Königin der Blumen", wie die Rose auch genannt wird, auf nur einer Buchseite abzuhandeln – das scheint anmaßend. Aber Rosen dürfen in einem Buch über die besten Gartenpflanzen einfach nicht fehlen. Wenigstens Grundsätzliches sollte hier über die schönen Blütensträucher gesagt werden. Für alles Weitere gibt es eine Vielzahl hervorragender Bücher, die sich nur mit Rosen und mit nichts anderem befassen. Von Rosen gibt es mehrere zehntausend Arten und Sorten. Der Übersichtlichkeit halber werden sie in Gruppen eingeteilt. Da sind zunächst die Wildrosen, die züchterisch kaum oder gar nicht verändert wurden und gut in naturnahe Gärten passen. Einmal- oder öfterblühende Strauchrosen eignen sich für den Alleinstand und für Rabatten. Kleinstrauchrosen wachsen buschig-kompakt und werden oft als Bodendecker verwendet. Bei den Kletterrosen wird unterschieden zwischen Climbern, die bis 4 m hoch ranken, und Ramblern, die bis 10 m hoch wachsen. Beetrosen sind reichblütig, werden etwa kniehoch und eignen sich für Gruppenpflanzungen, aber auch zum Kombinieren mit Stauden und Kleingehölzen. Edelrosen bringen nur wenige, aber erlesene Blüten hervor und werden vor allem in kleinen Gruppen und als Schnittblumen kultiviert. Zwergrosen spielen im Hausgarten keine große Rolle. Sie finden sich vorwiegend auf Friedhöfen, in Steingärten und als Topfpflanzen.

Mein Tipp: Wählen Sie möglichst Rosensorten mit Duft und bevorzugen Sie solche mit ungefüllten Blüten – die Bienen werden es Ihnen danken!

Roseneibisch

Hibiscus syriacus

Der mit seinen farbenfrohen, üppigen Blüten fast tropisch anmutende Strauch ist ein echter Dauerblüher für den Hoch- und Spätsommer. Am schönsten sehen die Sträucher in Einzelstellung aus. So kommen die Blüten am besten zur Geltung. Roseneibisch blüht nur an diesjährigen Trieben. Die Blüten sitzen in den Blattachseln des wachsenden Triebs. Schneiden Sie ihn deshalb im späten Frühjahr kurz vor dem Austrieb beherzt zurück. Diese Mühe sollten Sie sich machen, denn ungeschnitten entwickeln die Pflanzen nur kurze Neutriebe, werden struppig und blühen dann nur für kurze Zeit. Ansonsten ist der Strauch erstaunlich pflegeleicht. Nur lang anhaltende Trockenheit verträgt er nicht. In Regionen mit sehr kalten Wintern ist ein Winterschutz im Wurzelbereich empfehlenswert, etwa eine dicke Schicht Laubmulch. Frieren die oberirdischen Triebe dann doch mal zurück, regeneriert sich der Roseneibisch aus der Wurzel.

Hibiscus syriacus

Steckbrief

- » *Straff aufrechter Kleinstrauch*
- » *Höhe und Breite: Bis 2 m hoch und 2 m breit.*
- » *Blätter: Rhombisch-eiförmig, dreilappig, gezähnt, bis 10 cm lang.*
- » *Blüten: Malvenartige, breitglockige Blüten in Weiß, Rosa, Rot, Hell- oder Lilablau.*
- » *Blütezeit: Ende Juli bis September.*
- » *Standortvorlieben: Sonnig. Lockerer, gut durchlässiger Boden, wärmeliebend.*

Sorten

- 'Pink Flirt': Violett mit rotem Basalfleck, einfach und früh blühend.
- 'Pink Giant': Karminrosa mit rotem Basalfleck, einfach und spät blühend.
- 'Red Heart': Weiß mit rotem Basalfleck, einfach und mittelfrüh blühend.
- 'Russian Violet': Violett mit rotem Basalfleck, einfach und früh blühend.
- 'William S. Smith': Reinweiß, einfach und früh blühend.

Mein Tipp: Wählen Sie Ihren Favoriten möglichst unter den ungefüllt (einfach) blühenden Sorten. Die sind regenfester als die halb oder dicht gefüllten und beliebt bei Insekten auf Nektarsuche.

Schmetterlingsstrauch, Sommerflieder

Buddleja davidii

Buddleja davidii

Das aus China stammende Gehölz ist inzwischen fast weltweit verbreitet, weil die anpassungsfähige Pflanze sich an geeigneten Standorten gern selbst aussät. Aber nur keine Bange: Die Sämlinge treten nicht in Massen auf und können einfach ausgezupft werden. Die bis in den Herbst erscheinenden Blüten sind echte Insektenmagnete. Wenn es noch Falter in der Umgebung Ihres Gartens gibt, finden sie ganz sicher den Weg zu den kerzenförmigen Blütenrispen. Insbesondere im Spätsommer, wenn andere Sträucher keine Blüten mehr haben, ist das ein großes Plus. Der Strauch ist zwar ein Exot, er zeigt aber wegen seiner Beliebtheit bei nektarsuchenden Insekten, dass auch Pflanzen aus fremden Gefilden einen gewissen ökologischen Nutzen haben. Schädlinge und Krankheiten sind bei ihm übrigens kein Thema. Die ursprüngliche Art blüht fliederfarben. Aber es gibt auch Sorten mit weißen, hellblauen, rosafarbenen, purpurroten und tiefvioletten Blüten. Eine der beliebtesten Sorten ist 'Nanho Purple' mit purpurroten Blüten. Am besten wirkt der Strauch in Einzelstellung. Er kann aber auch in gemischte Rabatten oder Blütenhecken gepflanzt werden.

Mein Tipp: Schneiden Sie die einjährigen Triebe im Frühjahr radikal bis auf den verholzten Teil zurück. So bleibt der Strauch vital und wird zu üppiger Blüte angeregt. Keine Angst, er treibt auch aus dem alten Holz wieder aus!

Steckbrief

- *Eher kurzlebiger Normalstrauch*
- *Höhe und Breite: 2–3 m hoch und breit.*
- *Blätter: Bis 20 cm lang, eilanzettlich, oberseits dunkelgrün, unterseits weißlich.*
- *Blüten: 10–30 cm lange Rispen mit zahlreichen kleinen, duftenden Einzelblüten.*
- *Blütezeit: Juli bis September.*
- *Standortvorlieben: Sonnig. Hitzeverträglich. Alle durchlässigen, mäßig trockenen Böden.*

Braut-Spierstrauch

Spiraea × arguta

Der Braut-Spierstrauch ist ein reich blühender Strauch mit trichterförmigem, reich verzweigtem Wuchs. Wenn Sie diesen Blickfang in eine gemischte Staudenrabatte pflanzen, werden Sie nicht enttäuscht! Auch in einer frei wachsenden Blütenhecke und für die Einzelstellung eignet sich der Braut-Spierstrauch gut, insbesondere in kleineren Gärten.
Die vielen kleinen Einzelblüten bilden einen weißen Blütenschleier, was den deutschen Trivialnamen Braut-Spierstrauch erklärt. Das schöne Gehölz ist relativ pflegeleicht. Spiersträucher bilden nur ein schwaches Astgerüst aus und schieben jedes Jahr reichlich neue Triebe aus dem Boden nach. Ältere Triebe werden jedoch blühfaul. Greifen Sie deshalb regelmäßig zur Schere und schneiden Sie Triebe, die älter als drei Jahre sind, bodeneben ab. Der Braut-Spierstrauch ist ansonsten pflegeleicht und nur etwas empfindlich gegen allzu große Hitze und Trockenheit. Robuster sind die verwandten Arten Aschgrauer Spierstrauch (*Spiraea × cinerea*) und Japanischer Spierstrauch (*S. nipponica*). Sie haben einen ähnlichen Wuchs und ebenfalls einen üppigen weißen Blütenbesatz im Frühjahr. Etwas trockenheitsempfindlich ist der Belgische Spierstrauch (*S. × vanhouttei*) mit weißen Blüten und einer schönen, orangegelben Herbstfärbung.

Mein Tipp: Der etwas strenge Geruch der Blüten von Spiersträuchern ist ein Grund, diese ansonsten sehr schönen Sträucher nicht direkt neben einer Terrasse oder einem Sitzplatz zu pflanzen.

Spiraea × arguta

Steckbrief

- *Normalstrauch*
- *Höhe und Breite: Bis 2 m hoch und breit.*
- *Blätter: Länglich-eiförmig bis lanzettlich, hellgrün, bis 4 cm lang.*
- *Blüten: Vielblumige, endständige Trugdolden mit weißen, etwa 1 cm breiten Blüten.*
- *Blütezeit: April/Mai.*
- *Standortvorlieben: Sonnig. Durchlässiger, nährstoffreicher, nicht zu trockener Boden.*

Sonniger Standort, tockener Boden

NUR FÜR SONNENANBETER

Sonnige Standorte mit eher trockenem Boden sind weniger problematisch als Sie denken. Es gibt eine Vielzahl von Gewächsen, die an solche Standortbedingungen gut angepasst sind. Sie haben oft feine, graue, silbrige oder auch behaarte Blätter, die gegen Verdunstung schützen. Viele stammen aus fernen Steppen- und Prärieregionen. Doch es gibt auch schöne einheimische Arten wie Küchenschelle, Blutroter Storchschnabel oder Berg-Kiefer, die an trockenen, sonnigen Standorten gut gedeihen.

Berg-Anemone, Balkan-Windröschen

Anemone blanda

Anemone blanda

Dieser kleine Gartenschatz ist ein echter Gute-Laune-Blickfang für den Frühlingsgarten. Die pflegeleichte Knollenpflanze passt gut in den sonnigen Steingarten, macht aber auch unter Gehölzen im lichten (!) Schatten viel her. Die Blüten öffnen sich aber wirklich nur bei ausreichend viel Sonnenlicht. Einmal gepflanzt, bildet der charmante Frühjahrsblüher durch Brutknollen und Selbstaussaat bald größere Kolonien. Und das ganz ohne lästig zu werden. Vorausgesetzt, Sie hacken den Boden in der Umgebung der Pflanze nicht ständig. Denn nur an ungestörten Standorten vollzieht sich das Wunder der Selbstvermehrung. Lassen Sie die Pflanzen einfach wachsen. Sie brauchen keine Pflege, keinen Rückschnitt oder sonstige Liebkosungen, um schön auszusehen und sich auszubreiten. Außer der blauviolett blühenden Urform gibt es Sorten mit Blüten in Weiß, Rosa und hellem Purpur. Kurz nach der Blüte wird das Laub der Pflanzen welk und die Knollen ruhen bis zum nächsten Frühjahr im Boden.

Sorten

- 'Blue Shades': Zuverlässige, blauviolett blühende Sorte.
- 'Charmer': Rosalilafarbene Blüten mit weißem Ring um die Staubgefäße.
- 'Pink Star': Rosafarbene Blüten.
- 'Radar': Magentarote Blüten, weiße Mitte.
- 'White Splendour': Große, weiße Blüten mit rosafarbener Unterseite.

Mein Tipp: Legen Sie die Knollen der Berg-Anemone vor dem Pflanzen einige Stunden zum Vorquellen in Wasser. Das beschleunigt das Anwachsen. Pflanzen Sie die Knollen im Herbst 5 cm tief.

Steckbrief

» *Kleine Knollenpflanze*
» *Höhe und Breite: Bis 15 cm hoch und breit.*
» *Blätter: Oval bis dreieckig, finger-*
» *artig gefiedert, mattgrün, 3–10 cm lang.*
» *Blüten: Flache, 3–4 cm breite Strahlenblüten.*
» *Blütezeit: März bis April.*
» *Standortvorlieben: Sonnig bis halbschattig. Kalkhaltiger, trockener, humoser Boden.*

Russels Brandkraut

Phlomis russeliana

Der Trivialname „Goldquirl" beschreibt recht anschaulich die Blütenstände der unkomplizierten Staude. Die blassgelben Lippenblüten stehen tatsächlich quirlförmig in mehreren Etagen an straff aufrechten Stängeln über den Blattschöpfen. Bienen und andere nektarsuchende Insekten fliegen auf die Blüten dieser Staude. Wegen der Trockenheitsverträglichkeit eignet sich Russels Brandkraut besonders gut für Kies- und Steppengärten. Wässern ist selbst in Trockenperioden meist nicht nötig. Aber auch in gemischten Rabatten mit normalem Gartenboden bildet die Pflanze einen schönen Blickfang. Durch Ausläufer der kräftigen, dicht unter der Oberfläche verlaufenden Wurzeln sowie durch Selbstaussaat, breitet sich die Pflanze bereitwillig aus. Das ist kein Nachteil, denn in größeren Gruppen sieht sie am schönsten aus. Wenn Sie eine Selbstaussaat unbedingt verhindern möchten, schneiden Sie die Blütenstängel rechtzeitig nach dem Abblühen zurück. Sonst verstreuen sich die senfkorngroßen Samenkörner in der näheren Umgebung. Die Sämlinge lassen sich aber leicht jäten. In milden Wintern bleiben die Blätter übrigens grün. Schneiden Sie im Frühjahr braune Blätter und verholzte Blütenstände vom Vorjahr aus. Dann sehen die Pflanzen zum Saisonstart picobello aus.

Mein Tipp: Lassen Sie die abgeblühten Stängel im Winter einfach stehen. Sie sind, mit Raureif oder einem Schneehäubchen obendrauf, ein echter Blickfang im winterlichen Garten.

Phlomis russeliana

Steckbrief

- *Mittelhohe Blütenstaude*
- *Höhe und Breite: Bis 90 cm hoch und breit.*
- *Blätter: Eiförmig, mittelgrün, filzig behaart, bis 20 cm lang.*
- *Blüten: Lippenblüten mit helmförmiger Oberlippe, blassgelb, bis 3 cm lang, in mehreren Quirlen übereinander stehend.*
- *Blütezeit: Juni bis Juli.*
- *Standortvorlieben: Sonnig bis halbschattig. Trockener, durchlässiger, mäßig fruchtbarer Boden.*

Mexikanisches Federgras

Nassella tenuissima

Nassella tenuissima

Dieses elegante Ziergras ist oft auch unter seinem alten botanischen Namen *Stipa tenuissima* im Handel. Ende Mai bis Anfang Juni erscheinen am Ende von drahtigen Halmen bis zu 10 cm lange, zierliche Blütenstände über dem haarfeinen Laub. Sie verfärben sich im Lauf des Sommers von Silbergrün nach Strohgelb. Kein Wunder, dass Federgras im Volksmund auch Engelshaar genannt wird! Beim leisesten Windhauch wiegen sich die weichen Halme graziös im Wind. Für Grasgärten, aber auch für Staudenbeete und Kiesgärten ist dieses Gras eine besonders schöne Art. Es lässt sich gut mit Sommer- und Herbststauden wie Sonnenhut (*Rudbeckia*), Steppen-Salbei (*Salvia nemorosa*), Purpur-Fetthenne (*Sedum telephium*) sowie sonnenhungrigen Wolfsmilch-Arten (*Euphorbia*) kombinieren. Die Pflanze selbst ist eher kurzlebig, aber sie sät sich an geeigneten Standorten gern aus und bleibt Ihnen damit sicher erhalten. Lästig wird dieses Gras dadurch nicht, denn es braucht offenen Boden, damit die Samen keimen. Im dicht bepflanzten Staudenbeet oder im Rasen besteht also keine Invasionsgefahr! Das Einzige, was dieses Gas nicht mag, ist winterliche Feuchtigkeit. Deswegen ist ein gut durchlässiger Boden essenziell.

Steckbrief

- *Sommergrünes Gras*
- *Höhe und Breite: Bis 60 cm hoch und bis 30 cm breit.*
- *Blätter: Fadenförmig, hellgrün, bis 30 cm lang.*
- *Blüten: Nickende, fedrige Ähren, bis 30 cm lang.*
- *Blütezeit: Mai bis August.*
- *Standortvorlieben: Sonnig. Nährstoffarmer, sandiger, trockener Boden.*

Mein Tipp: Lassen Sie die Blattschöpfe einfach bis zum zeitigen Frühjahr stehen. Vor dem Neuaustrieb schneiden Sie die nach dem Winter übrig gebliebenen Reste bis zum Boden zurück.

Filziges Hornkraut

Cerastium tomentosum

Die Engländer nennen diese Pflanze auch „Snow in summer“, also „Schnee im Sommer“. Das beschreibt so ziemlich genau das Aussehen der schönen, mattenbildenden Staude zur Blütezeit. Wie kleine Schneeflocken tanzen die zierlichen Blüten über den silbrig schimmernden Laubkissen. Die Polsterstaude ist ein echter Klassiker im Steingarten und eignet sich zudem gut für Einfassungen, Trockenmauern und den Vordergrund von Staudenbeeten. Das hübsche graue Laub ist dabei ganzjährig zierend. Damit die Pflanze gut zur Geltung kommt, sollten Sie keine stark wachsenden Nachbarn dicht daneben setzen. Denn Hornkraut liebt die Sonne und mag es nicht, wenn es von anderen Gewächsen bedrängt oder beschattet wird. Ansonsten ist die Pflanze äußerst pflegeleicht, wirkt auf gefräßige Nacktschnecken, Blattläuse und andere Schädlinge nicht anziehend und braucht weder Dünger noch Wassergaben, sondern nur einen Friseurtermin pro Jahr.

Ich schneide nach der Blütezeit die Neuaustriebe mitsamt der verblühten Stängel einfach beherzt auf die Hälfte zurück. So bleiben die Polster schön kompakt, verkahlen nicht von innen heraus und blühen in der nächsten Saison wieder genauso schön. Keine Angst, Hornkraut regeneriert sich hervorragend aus dem verbleibenden Rest!

Mein Tipp: Beim Rückschnitt fallen viele Triebspitzen an. Sie eignen sich zur Vermehrung durch Stecklinge. Dazu die Triebe einfach mit dem unteren Ende 1 cm tief in die Erde stecken und in der ersten Zeit nicht austrocknen lassen – das klappt mit Sicherheit!

Steckbrief

- *Immergrüne Polsterstaude*
- *Höhe und Breite: 10–25 cm hoch und unbegrenzt breit.*
- *Blätter: Länglich, graufilzig bis silbrig, 1 cm lang.*
- *Blüten: Sternförmig, weiß, bis 2,5 cm breit.*
- *Blütezeit: Mai/Juni.*
- *Standortvorlieben: Sonnig. Durchlässiger, eher nährstoffarmer, trockener Boden.*

Cerastium tomentosum

Katzenminze

Nepeta × faassenii

Die horstig wachsende Hybride mit aromatisch duftenden Laubblättern ist geradezu ein Klassiker am Rand von Staudenrabatten im englischen Stil. Auch Wege und Terrassen können damit stilvoll eingefasst werden. Dazu werden bevorzugt niedrig wachsende Sorten der Staude (siehe Sortenliste) verwendet. Die so entstehenden duftigen Säume sind echte Weichzeichner im Garten und lassen Übergänge zwischen Beeten und Wegen fließend wirken. Eine optisch schöne Verbindung geht Katzenminze mit Beet- und Strauchrosen ein. Keine Sorge, da gibt es keine Konkurrenzstreitigkeiten. Rosen sind Tiefwurzler und vertragen diese Nachbarschaft problemlos. Katzenminze ist eigentlich sehr pflegeleicht, aber mit einem kräftigen Rückschnitt auf etwa ein Drittel gleich nach der Blüte bleiben die Pflanzen kompakt und bilden dichtere Polster. Gleichzeitig wird dadurch eine unkontrollierte Selbstaussaat verhindert. Und obendrein blühen die derart frisierten Pflanzen mit ziemlicher Sicherheit im Spätsommer ein zweites Mal.

Sorten

- 'Kit Cat': Violettblaue Blüten, 20–30 cm hoch.
- 'Gletschereis': Sehr helle Blüten, 50–60 cm hoch.
- 'Six Hills Giant': Lavendelblaue Blüten, bis 90 cm hoch.
- 'Snowflake': Weiße Blüten, nur 25 cm hoch.
- 'Walker's Low': Reichblütig, standfest, 70–90 cm hoch.

Nepeta × faassenii

Steckbrief

- » *Gruppenbildende Staude*
- » *Höhe und Breite: Bis 60 cm hoch und bis 45 cm breit.*
- » *Blätter: Graugrün, runzelig, abgerundet lanzettlich, bis 3 cm lang.*
- » *Blüten: Kleine, hellviolette Lippenblüten, bis 1,5 cm lang.*
- » *Blütezeit: Juni/Juli.*
- » *Standortvorlieben: Sonnig. Durchlässiger, trockener Boden.*

Mein Tipp: Nicht umsonst heißt diese Pflanze Katzenminze. Auch mein Stubentiger liebt den Duft dieser Pflanze. Stecken Sie einfach kurze Holzstöckchen in die Pflanzenpolster, damit sich Nachbars (oder die eigenen) Katzen nicht darin wälzen!

Große Küchenschelle

Pulsatilla vulgaris

Diese einheimische Wildstaude finden Sie in der Natur nur noch selten. Sie wächst auf Trockenrasen und kalkhaltigen Böden. Im Hausgarten eignet sie sich gut für den sonnigen Steingarten. Sie kann aber auch in Kiesgärten und an sonnigen Hängen ausgewildert werden. Wichtig ist vor allem eine gute Dränage, damit die Pflanze keine nassen Füße bekommt. Für eine schöne Wirkung braucht die Küchenschelle genug Freifläche um sich herum. Pflanzen Sie möglichst gleich mehrere Exemplare, denn in Gruppen sehen sie am schönsten aus. Wenn Ihre Küchenschellen im März zu blühen beginnen, ohne dass Sie Blätter erkennen können, ist übrigens alles in Ordnung. Das muss so sein, denn die Blätter treiben erst nach der Blüte aus. Die abgeblühten Stängel wachsen dann noch eine Zeitlang weiter in die Höhe und bilden wunderschöne, silbrige Fruchtstände. Die schweben im Frühsommer als filigrane Quasten über den Blatthorsten.
Der Name der Pflanze bezieht sich übrigens keineswegs auf den Küchengebrauch dieses in allen Teilen stark giftigen Hahnenfußgewächses. Er leitet sich wahrscheinlich von der Verkleinerungsform von „Kuh" ab, dem „Küh-chen", denn im Volksmund wird sie auch Kuhschelle genannt.

Sorten

- 'Alba': Weiße Blüten.
- 'Rode Klokke' (Synonym: 'Rote Glocke'): Dunkelrote Blüten.

Mein Tipp: Pflanzen Sie Küchenschellen nur, wenn der Boden in Ihrem Garten wirklich kalkhaltig ist. Ansonsten kümmern die Pflanzen vor sich hin oder verabschieden sich sang- und klanglos aus Ihrem Garten.

Steckbrief

» *Gruppenbildende Wildstaude*
» *Höhe und Breite: Bis 20 cm hoch und breit.*
» *Blätter: Fein gefiedert, hellgrün, bis 20 cm lang.*
» *Blüten: Nickend, glockenförmig, 5–7 cm lang, mattviolett.*
» *Blütezeit: März bis Mai.*
» *Standortvorlieben: Sonnig bis halbschattig. Trockener, mäßig nährstoffreicher, kalkhaltiger Boden.*

Pulsatilla vulgaris

Kugeldistel

Echinops ritro

Steckbrief

- *Mittelhohe Blütenstaude*
- *Höhe und Breite: Bis 60 cm hoch und bis 45 cm breit.*
- *Blätter: Tief eingeschnitten, am Rand bedornt, bis 20 cm lang.*
- *Blüten: Erst grüne, später stahlblaue, kugelförmige, bis 4,5 cm breite Blütenköpfe.*
- *Blütezeit: Juni/Juli.*
- *Standortvorlieben: Sonnig. Gut durchlässiger, trockener, nährstoffarmer Boden.*

Echinops ritro

Bekommen Sie bitte keinen Schreck, wenn ich hier empfehle, Disteln in den Garten zu pflanzen! Die Kugeldisteln haben wirklich schöne Blütenstände und sind zur Blütezeit wahre Hummel- und Bienenmagnete. In Zeiten, wo Nektarquellen immer seltener werden, geradezu ein Segen für die Insektenwelt!

Die straff aufrecht wachsenden Stauden eignen sich für klassische Staudenbeete, sehen aber besonders schön in naturnahen Pflanzungen in Kombination mit Gräsern aus. Für sonnige Kiesgärten sind sie so gut wie unverzichtbar, schon allein, weil sie keine Bewässerung brauchen, um trotzdem immer proper auszusehen.

Außer mit ihren metallisch-blauen Blütenbällen können die Pflanzen auch mit ihrem schönen Laub Akzente setzen. Die markant geformten Blätter sind oberseits blaugrün, unterseits weiß behaart. Die Sorte 'Veitch's Blue' hat besonders intensiv dunkelblaue Blütenköpfchen und wird bis 90 cm hoch. Als Schnittblume ist sie daher bestens geeignet. Kugeldisteln eignen sich auch für die Trockenfloristik, sofern sie vor dem Verblühen geschnitten werden.

Wenn Sie die Blütenstände stehen lassen, versamen sich die Pflanzen leicht. Wollen Sie das verhindern, schneiden Sie die welken Blütenstände ab, sobald sie ihre blaue Farbe verlieren.

Mein Tipp: Die welken Blütenstände bleiben noch eine Weile ansehnlich, auch wenn sie braun werden. Vögel wie Distelfinken (nomen est omen!) freuen sich über die willkommene Futterquelle.

Pfingst-Nelke

Dianthus gratianopolitanus

Diese kleine Schönheit ist ausdauernd, pflegeleicht und hat hübsche, duftende Blüten – einfach perfekt! Die immergrüne Polsterstaude breitet sich durch kurze kriechende Ausläufer langsam, aber zuverlässig aus. Sie passt gut in Stein- und Kiesgärten sowie an den Rand von sonnigen Staudenbeeten, wächst aber auch auf Trockenmauern. Und das tut sie ganz ohne Bewässerung. Ein erhöhter Standort hat den Vorteil, dass Sie nicht auf die Knie gehen müssen, um den vanilleartigen Duft der Blüten zu genießen. Für sonnige, trockene Standorte ist die Pflngst-Nelke wie gemacht: Die Staude hasst es, nasse Füße zu bekommen, lieber durstet sie. Die wenige Pflege, die Pfingstnelken brauchen, belohnen sie mit der Anmut und dem betörenden Duft ihrer bezaubernden Blüten. Ich schneide die verblühten Triebe im Sommer bis auf das Blattpolster zurück. Dann sehen die Matten den Rest des Jahres wieder ordentlich aus. Für die Blumenvase sind die kurzen Blütenstängel leider weniger geeignet – aber alle Wünsche kann diese schöne Pflanze schließlich nicht erfüllen!

Sorten

- 'Badenia': Dunkelrote, ungefüllte Blüten, kompakt wachsend.
- 'La Bourboule': Karminrosafarbene, ungefüllte Blüten.
- 'La Bourboule Blanche': Weiße, ungefüllte Blüten.
- 'Rosafeder': Rosafarbene, geschlitzte Blütenblätter.
- 'Whatfield Gem': Rosafarbene, gefüllte Blüten.

Dianthus gratianopolitanus

Steckbrief

- » *Immergrüne Polsterstaude*
- » *Höhe und Breite: Bis 15 cm hoch und bis 40 cm breit.*
- » *Blätter: Schmal grasartig, graugrün, bis 5 cm lang.*
- » *Blüten: 3 cm breite, stark duftende Blüten in Weiß, Rosa und Purpurrot.*
- » *Blütezeit: Mai/Juni.*
- » *Standortvorlieben: Sonnig. Trockener, durchlässiger, mäßig nährstoffreicher Boden.*

Mein Tipp: In die Breite gegangene Blattpolster teile ich nach der Blüte und pflanze die Teilstücke sofort wieder ein. Das hat bisher immer problemlos geklappt.

Immergrüne Schleifenblume

Iberis sempervirens

Iberis sempervirens

Die meiste Zeit des Jahres fällt diese immergrüne Polsterstaude kaum auf. Aber im Frühjahr wird die Schleifenblume zu einem echten Blickfang. Dann sitzen die schneeweißen Blüten so dicht auf den Polstern, dass sie die Blätter vollständig verdecken. Die pflegeleichte Staude eignet sich bestens für Stein- und Kiesgärten. Besonders schön sieht sie aus, wenn sie über Trockenmauern wallt. Das macht sie zwar nicht sofort nach dem Pflanzen, aber nach einigen Jahren ganz prima. Kombinieren Sie die Schleifenblume mit anderen frühjahrsblühenden Polsterstauden, wie etwa Blaukissen (*Aubrieta*-Hybriden) und Felsen-Steinkresse (*Aurinia saxatilis*). Das ergibt einen Hingucker mit toller Fernwirkung. Auch als Einfassungspflanze, etwa von Pflasterwegen, eignet sich die langlebige Staude, zumal sie als Immergrüne diese Funktion zuverlässig das ganze Jahr über erfüllt. Damit die Polster mit der Zeit nicht zu breit werden, sollten Sie nach der Blüte die Triebe um etwa ein Drittel zurückschneiden. Das ist aber nicht jedes Jahr nötig. Der Name geht übrigens auf die Form der Blüten zurück, die an die Schleifen der Kittelschürzen von Dienstmädchen erinnert.

Steckbrief

- » *Immergrüne Polsterstaude*
- » *Höhe und Breite: Bis 30 cm hoch und bis 40 cm breit.*
- » *Blätter: Spatelförmig, dunkelgrün, bis 3,5 cm lang.*
- » *Blüten: Bis 5 cm breite Schirmrispen mit weißen Blüten.*
- » *Blütezeit: April/Mai.*
- » *Standortvorlieben: Sonnig bis halbschattig. Mäßig fruchtbarer, eher trockener, durchlässiger, kalkhaltiger Boden.*

Sorten

- 'Findel': Besonders großblumig, bis 25 cm hoch.
- 'Weißer Zwerg': Reinweiße Blüten, bis 10 cm hoch.
- 'Zwergschneeflocke': Reinweiße Blüten, bis 20 cm hoch.

Mein Tipp: Die beim Rückschnitt anfallenden Triebspitzen eignen sich gut als Stecklinge. Sie bewurzeln sich leicht.

Niedere Schwertlilie

Iris Barbata-Nana-Gruppe

Die pflegeleichten Zwerge unter den Schwertlilien bieten eine riesige Sortenvielfalt. Sie haben ganz ähnliche Blüten wie die Hohen Schwertlilien (*Iris* Barbata-Elatior-Hybriden): Von den sechs Blütenblättern weisen drei nach oben und drei nach unten. Wegen der geringen Wuchshöhe eignen sich Niedere Schwertlilien eher für den Vordergrund von Staudenbeeten. Mitten zwischen anderen Stauden würden sie nicht auffallen und im Sommer auch viel zu viel Schatten abbekommen. Für sonnige Stein- und Kiesgärten sowie für Trockenmauern sind sie die erste Wahl, wenn es darum geht, im Frühjahr einen Hingucker zu platzieren.

Zu den kleinen Schmuckstücken passen dezente Begleiter mit ähnlichen Standortvorlieben, die ihnen aber nicht die Schau stehlen sollten. Geeignet sind beispielsweise Weiße Fetthenne (*Sedum album*), Dachwurz (*Sempervivum*-Hybriden), Thymian (*Thymus*-Arten) oder Sonnenröschen (*Helianthemum*-Hybriden).

Wichtig ist vor allem, dass die Nachbarpflanzen die Rhizome der Schwertlilien nicht überwuchern.

Wenn die Horste nach einigen Jahren von innen her verkahlen, teilen Sie die Rhizome. Die beste Zeit dafür ist nach der Blüte im Frühsommer. Pflanzen Sie die Teilstücke so ein, dass sie nur knapp mit Erde bedeckt sind.

Mein Tipp: Kaufen Sie nicht die Katze im Sack. Für die Auswahl der schönsten Sorten lohnt sich der Besuch in einer spezialisierten Staudengärtnerei zur Blütezeit. Aber Vorsicht: Suchtgefahr!

Steckbrief

- *Niedrige Rhizomstaude*
- *Höhe und Breite: 20–40 cm hoch und bis 20 cm breit.*
- *Blätter: Schwertförmig, blassgrün, bis 15 cm lang.*
- *Blüten: An mehr oder weniger verzweigten Stängeln reihen sich 5–8 cm große Blüten übereinander.*
- *Blütezeit: April/Mai.*
- *Standortvorlieben: Sonnig. Trockener, durchlässiger Boden.*

Iris Barbata-Nana 'Pamela Ann'

Helianthemum-Hybride 'Red Orient'

Sonnenröschen

Helianthemum-Cultivars

Sonnenröschen haben fröhlich wirkende, unkomplizierte Blüten mit einer gelben Mitte. Jede Blüte hält zwar nur einen Tag – meist schon am Nachmittag fallen die Blütenblätter zu Boden. Aber weil sich täglich neue Blüten öffnen, kann sich die Blütezeit über mehrere Wochen erstrecken. Die kleinen, langlebigen Stauden sind im Garten sehr vielseitig verwendbar. Hauptsache, die Pflanzen bekommen genug Sonne.

Ansonsten sind sie ziemlich anspruchslos und pflegeleicht. Die lange Blütezeit und der kompakte Wuchs machen diese Pflanzen zur idealen Einfassung von Wegen und Terrassen. Schön sehen Sonnenröschen auch als Unterpflanzung von Rosen aus. Sie eignen sich zudem als Bepflanzung von sonnigen Böschungen und Steingärten. Im Vordergrund von Staudenbeeten bilden sie einen duftigen Saum. Trockenmauern und Kiesbeete sind geradezu ideale Standorte für diese Blütenschönheiten, die auch während längerer Trockenperioden garantiert nicht schlapp machen.

Steckbrief

» *Wintergrüne Blütenstaude*
» *Höhe und Breite: 10–30 cm hoch und breit.*
» *Blätter: Eiförmig bis lanzettlich, grau oder grün, bis 3 cm lang.*
» *Blüten: Schalenförmig, bis 2,5 cm breit, in Weiß, Gelb, Rosa, Rot oder Orange.*
» *Blütezeit: Mai bis Juli.*
» *Standortvorlieben: Sonnig. Durchlässiger, eher trockener, kalkhaltiger Boden.*

Sorten

- 'Bronzeteppich': Grünes Laub, orangebraune Blüten, 10–15 cm hoch.
- 'Eisbär': Silbergraues Laub, reinweiße Blüten, 15–20 cm hoch.
- 'Red Orient': Grünes Laub, dunkelrote Blüten, 15–25 cm hoch.
- 'Sterntaler': Grünes Laub, goldgelbe Blüten, 10–15 cm hoch.
- 'Wisley Pink': Silbergraues Laub, rosafarbene Blüten, 15–20 cm hoch.

Mein Tipp: Ein jährlicher Rückschnitt nach der Blüte um rund ein Drittel führt zu einem kompakteren Wuchs und besserem Blütenansatz in der nächsten Saison.

Rote Spornblume

Centranthus ruber

Die anspruchslose Staude bildet mehrtriebige, kleine Büsche. Der wohl größte Vorteil der Spornblume ist ihre außergewöhnlich lange Blütezeit. Die mattrosarote Farbe der Blüten ist so verhalten, dass sie sich gut mit den meisten anderen Blütenfarben verträgt. Die Pflanzen verholzen im Lauf des Jahres an der Basis und sind daher relativ standfest. Damit die Büsche kompakt bleiben und im Lauf des Sommers nicht doch noch auseinanderfallen, können Sie nach der ersten Blütenphase im Frühsommer die Stängel um die Hälfte einkürzen. Ziemlich rasch bilden sich danach wieder neue Blütenstände. Die fallen zwar in der Regel etwas kleiner aus, sind aber nicht weniger charmant. Die Spornblume passt gut in sonnige Rabatten und Staudenbeete. Sie wächst wegen ihrer Anspruchslosigkeit aber auch problemlos auf Trockenmauern, wo sie mediterranes Flair verbreitet. In Südeuropa wächst sie oft wild an und auf Mauern. Sie schafft es dort, selbst mit einem Minimum an Wasser und Nährstoffen, prächtige Blütenstände hervorzubringen. Düngen oder gießen brauchen Sie diese Pflanzen in Ihrem Garten also bestimmt nicht! Es gibt mit 'Albus' übrigens eine reinweiß blühende Sorte, die sich außer in der Blütenfarbe in nichts von der Art unterscheidet.

Mein Tipp: Schneiden Sie die verblühten Stängel zurück, bevor sich die flockigen Fruchtstände bilden. Denn die sorgen für zahlreichen Nachwuchs. Aber vielleicht ist das ja auch erwünscht – dann lassen Sie die Samen ausreifen!

Centranthus ruber

Steckbrief

- *Mittelhohe Blütenstaude*
- *Höhe und Breite: Bis 60 cm hoch und breit.*
- *Blätter: Lanzettlich, mittelgrün, grau bereift, bis 8 cm lang.*
- *Blüten: Lockere Dolden mit kleinen, hellroten Blüten.*
- *Blütezeit: Mai bis September.*
- *Standortvorlieben: Sonnig. Mäßig nährstoffreicher, gut durchlässiger, kalkhaltiger Boden.*

Blutroter Storchschnabel

Geranium sanguineum

Geranium sanguineum

Steckbrief

- » *Kleine Blütenstaude*
- » *Höhe und Breite: Bis 30 cm hoch und breit.*
- » *Blätter: Tief gelappt, dunkelgrün, bis 10 cm lang.*
- » *Blüten: Bis 4 cm breite, magentarote Schalenblüten.*
- » *Blütezeit: Mai bis September.*
- » *Standortvorlieben: Sonnig. Mäßig nährstoffreicher, humos-lehmiger, eher trockener Boden.*

Diese wüchsige und langlebige einheimische Blütenstaude erfreut den ganzen Sommer lang mit ihren anmutigen Schalenblüten. Zwischendrin legt sie zwar immer mal wieder eine kurze Blühpause ein, aber das sei ihr zugestanden. Für einen Dauerblüher ist der Blutrote Storchschnabel eine erfreulich pflegeleichte Staude, die keine großen Ansprüche stellt und praktisch keine Krankheiten und Schädlinge kennt.

Selbst Nacktschnecken lassen sie links liegen. Robust, langlebig und wüchsig – eine der schönsten und pflegeleichtesten Storchschnabel-Arten, die es für den Garten gibt! Die zierlich wirkende Staude passt gut in den Vordergrund von Rabatten, ist ein charmanter Rosenbegleiter und gedeiht gut in Töpfen und Kübeln. Sie breitet sich langsam, aber zuverlässig durch unterirdische Rhizome aus, wird dabei aber niemals lästig.

Wenn sie nach einigen Jahren zu viel Platz im Beet beansprucht, kann sie im zeitigen Frühjahr problemlos geteilt werden. Durch ihr tiefes Wurzelwerk ist sie zudem sehr gut gegen sommerliche Trockenheit gefeit. Gießen ist also nicht nötig.

Außer der Urform gibt es viele schöne Sorten mit unterschiedlichen Farbvarianten und Wuchsformen.

Sorten

- 'Album': Weiße Blüten.
- 'Max Frei': Sehr kompakter Wuchs, dunkel purpurrosafarbene Blüten.
- 'Striatum': Zartrosafarbene Blüten.

Mein Tipp: Das Laub färbt sich im Herbst rot und bildet dadurch einen schönen Kontrast zu grünlaubigen Nachbarpflanzen. Lassen Sie deshalb das Laub bis zum Winter stehen.

Walzen-Wolfsmilch

Euphorbia myrsinites

Entgegen ihrem Namen walzen die niederliegenden Triebe dieser kleinen, immergrünen Pflanze *nicht* die Nachbarpflanzen nieder. Ganz im Gegenteil: Nebenbuhler sollten auf Abstand gehalten werden, damit sie die sonnenhungrige Pflanze nicht bedrängen. Die etwas bizarr wirkenden Sprosse tragen im Frühsommer an ihren Enden dezente, gelbgrüne Blütenstände. Am besten wirkt die Pflanze auf Trockenmauern sowie in Steingärten und Kiesbeeten. Die Walzen-Wolfsmilch eignet sich wegen ihrer Genügsamkeit auch für Dachbegrünungen. An geeigneten Standorten vermehrt sie sich durch Selbstaussaat. Wenn Sie keine ungewollten Nachkommen wünschen, entfernen Sie die welken Blütenstände am besten vor der Samenreife. Sollten Sie gute Erfahrungen mit der Walzen-Wolfsmilch gemacht haben, werden Sie vielleicht auch andere Arten dieser Gattung für sonnige und trockene Standorte ausprobieren wollen. Dafür sind die meisten Wolfsmichgewächse wie geschaffen und zudem erfreulich pflegeleicht. Die Steppen-Wolfsmilch (*Euphorbia seguieriana*) ist eine buschige Staude, die im Sommer schöne, bis 50 cm hohe und breite, halbkugelige Hügel mit gelbgrünen Blütenständen bildet. Majestätisch wirkt die Palisaden-Wolfsmilch (*E. characias*), die bis 120 cm hohe Sprosse und schöne, kuppelförmige, gelbgrüne Blütenstände hat.

Euphorbia myrsinites

Steckbrief

- *Immergrüne Polsterstaude*
- *Höhe und Breite: Bis 10 cm hoch und bis 30 cm breit.*
- *Blätter: Rundlich, fleischig, graugrün, bis 10 cm lang.*
- *Blüten: Bis 8 cm breite Blütenstände mit grüngelben Hüllblättern.*
- *Blütezeit: Mai/Juni.*
- *Standortvorlieben: Sonnig. Trockene, durchlässige, nährstoffarme Böden.*

Mein Tipp: Versuchen Sie es mit dieser genügsamen, aber sehr dekorativen Pflanze auch einmal in schönen Pflanzgefäßen. Die Wirkung ist phänomenal ornamental!

Berberis × ottawensis 'Superba'

Blut-Berberitze

Berberis × ottawensis 'Superba'

Die rotblättrige Blut-Berberitze 'Superba' ist ein prächtiger Strauch, der am besten in Einzelstellung wirkt, aber auch schön in einer Strauchrabatte aussieht. Sie ist relativ raschwüchsig, wuchert jedoch nicht. Dadurch kann sie schnell größere Lücken im Garten schließen. Die überhängenden Zweige geben dem Strauch eine anmutige Erscheinung.
Im Spätfrühjahr öffnen sich die kleinen, herb duftenden, gelborangefarbenen Blüten und bilden dann einen schönen Kontrast zum schwarzroten Laub.
Das behält übrigens bis zum Herbst seine schöne Färbung – vorausgesetzt, die Sträucher stehen vollsonnig. Im Halbschatten ist die Färbung weniger intensiv.
Zum Finale der Gartensaison flammt der ganze Strauch ab Ende Oktober in leuchtendem Orange und Rot auf, bevor das Laub schließlich abfällt. Danach bilden die kleinen, hellroten, länglichen Beeren noch einige Zeit einen schönen Winterschmuck in den kahlen Zweigen, wenn sie nicht vorher von Vögeln vernascht werden. Sie schmecken säuerlich und sind nicht giftig. Diese Berberitze kommt viele Jahre ohne Schnittmaßnahmen aus. Die Blätter überalterter Exemplare zeigen aber mitunter eine grünbraune Mischfarbe. Wenn Sie alle paar Jahre einige der älteren Äste herausschneiden, bleibt Ihnen die schöne schwarzrote Laubfarbe auf jeden Fall erhalten.
Weil die Zweige spitze Dornen haben, sollten Sie beim Umgang mit der Pflanze unbedingt Handschuhe tragen.

Mein Tipp: Mit ihren bedornten Zweigen sind Berberitzen ein guter Zaunersatz an der Gartengrenze.

Steckbrief

- *Normalstrauch*
- *Höhe und Breite: 3–4 m hoch und bis 2,5 m breit.*
- *Blätter: Rundlich, braunrot, 2–5 cm lang.*
- *Blüten: Gelborange, bis 1 cm breit, duftend.*
- *Blütezeit: Mai/Juni.*
- *Standortvorlieben: Sonnig bis halbschattig. Alle trockenen bis frischen Böden.*

Weidenblättrige Birne

Pyrus salicifolia 'Pendula'

Dieser Kleinbaum mit breitrunder, locker aufgebauter Krone und überhängenden Ästen wird vor allem wegen seiner malerischen Wuchsform und seiner silbrigen Laubblätter gepflanzt. Die weißen Blüten fallen nicht besonders auf, sind aber eine gute Bienenweide und auch bei anderen Insekten geschätzt. Der Baum erinnert von Weitem an Olivenbäume. Im Gegensatz zu diesen ist die Weidenblättrige Birne aber in unseren Breiten gut winterhart. Weil diese Art außerdem Hitze und Trockenheit sehr gut verträgt, hat sie in Zeiten des Klimawandels gewiss noch eine große Zukunft vor sich. Wegen ihrer Ähnlichkeit mit Olivenbäumen wird die Weidenblättrige Birne gern gepflanzt, um Gärten eine mediterrane Anmutung zu geben. Sie sieht am schönsten in Einzelstellung aus. Weil der Baum relativ langsam wächst, muss er wenig geschnitten werden. Quer in der Krone und steil nach oben wachsende Triebe sollten Sie aber hin und wieder auslichten, damit die schöne, rundkronige Wuchsform erhalten bleibt. Die beste Zeit dafür ist nach der Blüte.

Die Zweige sind übrigens bedornt. Lassen Sie sich nicht täuschen, denn die Waffen dieser Pflanze werden von den Laubblättern geschickt kaschiert. Tragen Sie bei Schnittmaßnahmen also unbedingt Handschuhe!

Mein Tipp: Im Spätsommer reifen kleine, harte, birnenförmige Früchte. Sie sind für Menschen ungenießbar. Lassen Sie sie einfach als Winterfutter für die Vögel an den Zweigen hängen!

Pyrus salicifolia 'Pendula'

Steckbrief

- *Kurzstämmiger Kleinbaum*
- *Höhe und Breite: 5–9 m hoch und bis 4 m breit.*
- *Blätter: Schmal, weidenartig, silbrig behaart, bis 9 cm lang.*
- *Blüten: Trugdolden mit 2 cm breiten, weißen Blüten.*
- *Blütezeit: April.*
- *Standortvorlieben: Sonnig. Trockener bis frischer, tiefgründiger, neutraler bis stark kalkhaltiger Boden.*

Gewöhnlicher Blasenstrauch

Colutea arborescens

Ursprünglich stammt der Blasenstrauch aus dem sonnigen Südeuropa. Das erklärt seine außergewöhnliche Genügsamkeit und Hitzeverträglichkeit.
Mit seinen gefiederten Blättern, gelben Blüten und auffälligen Fruchthüllen ist er ein bizarrer, aber sehr dekorativer Strauch. Er sollte möglichst in Einzelstellung stehen, kann aber auch als Teil einer gemischten Gehölzhecke gepflanzt werden. Auf jeden Fall sorgt er für mediterranes Flair im Garten. Die ab Mai aufblühenden, gelben Schmetterlingsblüten sind bei Insekten als Nektarquelle sehr beliebt. Schmetterlinge und Wildbienen gehören zu den häufigsten Besuchern. Die Blüten verwandeln sich im Lauf des Sommers in Früchte mit ballonartigen, rötlich-grünen, durchscheinenden Hüllen. Unschwer zu erraten, dass die sogenannten „Blasen“ dem Strauch seinen Namen gaben. Im Sommer stehen die etwa 8 cm langen Fruchthüllen gleichzeitig mit den immer neu erscheinenden Blüten an den Zweigen. Später werden die „Blasen“ papierartig fahl. Sie bleiben bis in den Winter hinein an den Zweigen hängen – oder solange, bis Stürme sie fortwehen. Der Strauch ist anspruchslos und sehr pflegeleicht. Düngen, wässern und jegliche Schnittmaßnahmen sind beim Blasenstrauch erfreulicherweise gänzlich überflüssig.
Der Strauch gilt als voll frosthart, kann allerdings in sehr kalten Wintern zurückfrieren. Er treibt dann meist aus der Basis wieder frisch aus.

Steckbrief

- *Aufrechter Normalstrauch*
- *Höhe und Breite: Bis 3 m hoch und breit.*
- *Blätter: Gefiedert, mittel- bis blassgrün, bis 15 cm lang.*
- *Blüten: Lockere Trauben mit 2 cm langen, gelben Blüten.*
- *Blütezeit: Mai bis August.*
- *Standortvorlieben: Sonnig. Trockener, nährstoffarmer, durchlässiger Boden.*

Colutea arborescens

Mein Tipp: Der Blasenstrauch ist ein Tiefwurzler und braucht deshalb einen tiefgründigen Boden, um sich dauerhaft zu etablieren.

Thunbergs Buschklee

Lespedeza thunbergii

Der elegante Strauch ist wegen seiner erst im Spätsommer erscheinenden Blüten eine tolle Bereicherung für den Herbstgarten. Die purpurrosafarbenen Schmetterlingsblüten stehen in Trauben zusammen, die sich zu 60–80 cm langen Rispen vereinen. Für Insekten sind sie eine späte Nektarquelle. Insbesondere Bienen und

Lespedeza thunbergii

Steckbrief

- *Überhängender Kleinstrauch*
- *Höhe und Breite: 2 m hoch und breit.*
- *Blätter: Dreigeteilt, kleeartig, bläulich-grün, bis 5 cm lang.*
- *Blüten: Bis 15 cm lange, hängende Trauben mit 2 cm langen, purpurrosafarbenen Blüten.*
- *Blütezeit: September/Oktober.*
- *Standortvorlieben: Sonnig. Trockener bis frischer, durchlässiger Boden.*

Schmetterlinge lieben die Blüten! Durch den überhängenden Wuchs wirkt der blühende Strauch wie eine üppige Blütenkaskade und sieht einfach sensationell aus. Weil der Strauch keinen hohen Stamm ausbildet, sondern eher rutenförmige, weit überhängende Zweige, pflanzen Sie ihn am besten so, dass er entspannt „abhängen“ kann. Das bedeutet ein Standort in erhöhter Lage, etwa auf einer Mauerkrone, in einem Terrassenbeet oder an einer Böschung, wo dann die Zweige herabwallen dürfen. Sie können die peitschenartigen Triebe aber auch an Spalieren aufbinden und so besser zur Geltung bringen. Egal, wie Sie es anstellen: Ein Blickfang ist dieser schöne Strauch in jedem Fall.

In rauen Lagen ist ein Winterschutz im Wurzelbereich durch eine dicke Schicht aus Laubmulch ratsam. Und selbst wenn die oberirdischen Triebe der Pflanze zurückfrieren – sie treibt im Frühjahr meist wieder aus der Basis aus und blüht noch im selben Herbst wieder üppig.

Mein Tipp: In rauen Lagen ist angesichts der dort häufigeren Frostschäden ein alljährlicher Rückschnitt bis zum Boden möglich. Keine Sorge: Die Pflanze blüht nach dem Neuaustrieb am diesjährigen Holz.

Pinus mugo

Steckbrief

- » *Immergrüne Konifere*
- » *Höhe und Breite: 0,5–2,5 m hoch und bis 2,5 m breit.*
- » *Blätter: 2–8 cm lange, steife, dunkelgrüne Nadeln.*
- » *Blüten: Männliche Blüten gelb, weibliche rot, gefolgt von bis 6 cm langen Zapfen.*
- » *Blütezeit: Juni/Juli.*
- » *Standortvorlieben: Sonnig. Mäßig trockner bis feuchter, durchlässiger Boden.*

BERG-KIEFER

Pinus mugo

Echte Kiefern, wie wir sie im Wald sehen, sind zwar wirklich schöne Bäume, haben im Garten aber nichts verloren. Sie werden einfach viel zu schnell viel zu groß. Weil aber Nadelgehölze die sehr geschätzte Eigenschaft haben, immergrün zu sein, sind sie ein ganzjährig attraktives Gestaltungselement. Am besten eignen sich dafür Zuchtformen, die langsam wachsen und eine überschaubare Größe behalten. Für sonnige, trockene Standorte sind das beispielsweise Sorten der einheimischen Berg-Kiefer. Sie sind anpassungsfähig, robust und frosthart. Die hier genannten Sorten bleiben relativ niedrig und bis sie ihre endgültige Wuchshöhe erreichen, vergehen viele Jahre. Sie eignen sich gut für Stein- und Heidegärten. Aber sie sind auch als winterharte Pflanzen für ausreichend tiefe Gefäße auf Balkon und Terrasse ein ganzjähriger Blickfang. In Zeiten, wo Buchsbaum wegen Pilzbefall und den gefräßigen Raupen des Buchsbaumzünslers einen schweren Stand hat, können kleine Berg-Kiefern ein immergrüner Ersatz sein.

Sorten

- 'Gnom': Kegelförmig, dicht verzweigt, 3 m hoch und 2,5 m breit.
- 'Hesse': Abgeflacht kugelförmig, 0,9 m hoch und 1,5 m breit.
- 'Humpy': Flach kissenförmig, sehr kompakt, 0,8 m hoch und 1 m breit.
- 'Laurin': Breitstrauchig bis halbkugelig, 2 m hoch und breit.
- 'Mops': Abgeflacht halbkugelig, 2 m hoch und breit.

Mein Tipp: Die Berg-Kiefer verträgt einen leichten Schnitt der jungen (!) Triebe und kann deshalb auch als Formgehölz erzogen werden.

Echter Lavendel

Lavandula angustifolia

Der reich verzweigte Halbstrauch wird oft wie eine Staude behandelt und entsprechend im Garten eingesetzt, beispielsweise in Stein-, Steppen- und Kiesgärten. Aber auch in Balkonkästen und schönen Pflanzgefäßen gedeiht Lavendel gut und verbreitet mediterranes Flair. Oft wird Lavendel als niedrige Einfassungshecke verwendet, etwa um Rosenbeete charmant zu begleiten. Einer der Hauptgründe, Lavendel in den Garten zu pflanzen, ist der wunderbare Duft, den seine Blüten im Sommer verströmen. Bienen und andere Insekten lieben ihn! Meist werden kompakt wachsende Sorten wie 'Hidcote' und 'Dwarf Blue' gepflanzt, seltener die rosa blühende Sorte 'Rosea'. Ein jährlicher Rückschnitt im späten Frühjahr sorgt dafür, dass die Pflanzen vital und kompakt bleiben. Unbeschnitten werden sie sparrig und blühen immer dürftiger. Schneiden Sie die vorjährigen Triebe aber nur bis zum Ansatz der ersten Blatttriebe zurück, denn aus dem alten Holz treibt Lavendel nicht mehr gut aus. Wenn die Pflanzen im Alter sparrig und blühfaul werden oder im Winter stark zurückfrieren, sollten Sie nicht versuchen, sie zu verjüngen. Ich habe das früher oft genug ohne überzeugenden Erfolg versucht. Setzen Sie lieber gleich neue Exemplare. Die entwickeln sich rasch zu schönen, reich blühenden Büschen, die wieder viel Freude machen.

Mein Tipp: Um schöne Trockenblumen mit verführerischem Duft zu bekommen, schneiden Sie die Blüten kurz vor dem Aufblühen. Dann rieseln sie nicht und halten lange.

Steckbrief

- *Immergrüner Halbstrauch*
- *Höhe und Breite: Bis 0,6 m hoch und breit.*
- *Blätter: Lanzettlich, graugrün, 2–6 cm lang.*
- *Blüten: 10–15 cm lange, ährenartige Blütenstände mit kleinen, violettblauen Blüten.*
- *Blütezeit: Juni bis August.*
- *Standortvorlieben: Sonnig. Trockener, durchlässiger Boden.*

Lavandula angustifolia

Schmalblättrige Ölweide

Elaeagnus angustifolia

Die Schmalblättrige Ölweide ist ein bisher nur selten gepflanztes Gehölz in unseren Gärten. Weil sie Sonne, Hitze und Trockenheit im Sommer gut verträgt, könnte sie in Zeiten des Klimawandels eine Pflanze mit Zukunft sein. Auf jeden Fall ist sie jetzt schon ein robustes, pflegeleichtes Gehölz für geeignete Standorte. Entfernt erinnert sie mit ihren silbriggrünen, schmalen Blättern und ihrer Wuchsform an Olivenbäume. Deshalb, und wohl auch ihrer Herkunft aus dem Osten sowie der ovalen Früchte wegen, wird sie scherzhaft auch „Russische Olive" genannt. Die 1–2 cm langen, beerenartigen Früchte sind essbar und reifen ab Juli. Probiert habe ich sie noch nicht, weil die Ölweide in Mitteleuropa selten Früchte ausbildet. Sie sollen aber recht schmackhaft sein. Wenn Früchte ausgebildet werden, folgen sie auf kleine gelbe, duftende Blüten. Die sind im Spätfrühjahr eine sehr beliebte Bienenweide. Der Strauch ist gut schnittverträglich und kann auch als Hecke kultiviert werden. Die Zweige sind mit Dornen bewehrt. Tragen Sie bei Schnittmaßnahmen also unbedingt Handschuhe! Im Herbst haften die Blätter ziemlich lange. Anders als bei der echten Olive, die ihre Blätter den Winter über behält, fallen sie dann aber schließlich im November doch ab – leider ohne eine Spur von Herbstfärbung.

Mein Tipp: Pflanzen Sie die Ölweide nur in praller Sonne. Schon geringe Beschattung führt zu einem schiefen Wuchs, weil die Pflanze immer nach der sonnigsten Seite strebt.

Steckbrief

- *Großstrauch oder Kleinbaum*
- *Höhe und Breite: Bis 7 m hoch und 4–6 m breit.*
- *Blätter: Lanzettlich, mattgrün, 4–8 cm lang.*
- *Blüten: Röhrenförmig, gelb, 1 cm lang.*
- *Blütezeit: Mai/Juni.*
- *Standortvorlieben: Sonnig. Trockene bis frische, durchlässige, auch nährstoffarme Böden.*

Elaeagnus angustifolia

Europäischer Perückenstrauch

Cotinus coggygria

Perückensträucher sind Gartenschönheiten, die erst auf den zweiten Blick ihre tolle Wirkung entfalten: Keine leuchtend bunten Blüten, kein betörender Duft, und das Laub ist eher unscheinbar. Wenn sich aber im Sommer die fedrigen Blütenrispen öffnen, ändert sich das schlagartig. Die ganze Pflanze wirkt plötzlich wie mit dem Aquarellpinsel in den Garten hineingetuscht. Schon die grünlaubige Urform ist dann ein herrlicher Anblick.
Öfter wird aber die Sorte 'Royal Purple' gepflanzt, die dauerhaft dunkelrot gefärbtes Laub und rosafarbene Blütenrispen hat. Bei der seltener gepflanzten Sorte 'Golden Spirit' sind die Blätter grüngelb, die Blüten bräunlich.
Die buntlaubigen Sorten sind schwachwüchsiger als die Urform und bleiben mit maximal 3 m Höhe kleiner. Das ist in Hausgärten mit beschränkten Platzverhältnissen durchaus von Vorteil. Gut zur Geltung kommt der Strauch in Einzelstellung, etwa neben Terrassen oder im sonnigen Vorgarten. Im Herbst färbt sich das Laub orangegelb bis scharlachrot, was zum Saisonende nochmals für einen schönen Blickfang im Garten sorgt. Besonders ausgeprägt ist die rote Herbstfärbung bei der Sorte 'Flame'.
Dabei ist jedes Blatt anders gefärbt und gemustert – kleine Kunstwerke der Natur, die ich jeden Herbst erneut bewundere!

Mein Tipp: Beim Perückenstrauch ist grundsätzlich kein Rückschnitt notwendig, aber möglich. Setzen Sie die Schere am besten im März vor dem Austrieb an.

Steckbrief

- *Breitbuschiger Strauch*
- *Höhe und Breite: Bis 5 m hoch und etwa ebenso breit.*
- *Blätter: Eiförmig, mittelgrün, bläulich bereift, bis 5 cm lang.*
- *Blüten: Bis 20 cm lange, fedrige Rispen mit kleinen, gelbgrünen Einzelblüten.*
- *Blütezeit: Juni/Juli.*
- *Standortvorlieben: Sonnig. Trocken bis frisch, alle durchlässigen Bodenarten.*

Cotinus coggygria 'Royal Purple'

Chinesische Scheinquitte

Chaenomeles speciosa

Steckbrief

- *Blütenreicher Normalstrauch*
- *Höhe und Breite: Bis 3 m hoch und breit.*
- *Blätter: Eiförmig, glänzend grün, 3–8 cm lang.*
- *Blüten: Schalenförmig, 3–4 cm breit, scharlachrot, rosa oder weiß.*
- *Blütezeit: März/April*
- *Standortvorlieben: Sonnig. Trockene bis frische, durchlässige Böden.*

Der etwas sparrig wachsende, bedornte Strauch wird vor allem wegen seiner schönen, im zeitigen Frühjahr erscheinenden Blüten gepflanzt, die bei Insekten als Nektar-Tankstelle sehr beliebt sind. Scheinquitten, auch als Zierquitten bekannt, können im Garten in Einzelstellung, aber auch in Gruppen oder als Hecke eingesetzt werden. Weil die Sträucher oft Ausläufer treiben, ist die Heckenpflanzung sogar eine gute Entscheidung. Dann brauchen Sie die Ausläufer nicht auszugraben, sondern können sich über den Zuwachs freuen. Stehen die Pflanzen in Einzelstellung, sollten Sie aber die aus dem Boden sprießenden Neutriebe besser entfernen, damit kein struppiges Dickicht entsteht.
Oft werden statt der Chinesischen Scheinquitte oder einer ihrer wilden Schwesternarten Kreuzungen (*Chaenomeles × superba*) gepflanzt. Diese vereinen die Vorzüge der Wildarten in sich und bieten ein breites Spektrum an Blütenfarben. Sie blühen zudem meist üppiger als die Wildarten. Insgesamt sind die Sträucher sehr pflegeleicht und anspruchslos. Wenn Sie die Schere doch mal ansetzen wollen, dann am besten nach der Blütezeit.

Chaenomeles speciosa

Sorten

- 'Exima': Reinrosa und Weiß, starkwüchsig, aufrecht.
- 'Moerloosii': Weiß, rosa überhaucht, starkwüchsig.
- 'Nivalis': Reinweiß, breit aufrechter Wuchs.
- 'Simonii': Samtrot, halb gefüllt, niedriger Wuchs.

Mein Tipp: Die apfelartigen, harten Früchte können im Herbst wie echte Quitten zu Gelee verarbeitet werden. Der Geschmack ist aber, ehrlich gesagt, etwas fade.

Gewöhnlicher Wacholder

Juniperus communis

Das auch als Heide-Wacholder bekannte, immergrüne Nadelgehölz ist eine einheimische Art, die bis 12 m hoch wächst. In der Natur erreicht er ein erstaunliches Alter von bis zu 600 Jahren mit entsprechenden Ausmaßen.

Für den Hausgarten wird diese Konifere mit den blaugrünen, pieksigen Blättern einfach zu groß. Es gibt aber viele schöne und gartentaugliche Zuchtsorten, die schmal säulenförmig, strauchig oder kriechend wie Bodendecker wachsen. Dementsprechend werden sie im Garten eingesetzt. Klassisch ist die Verwendung im Heidegarten. Sie können den Wacholder aber auch nach Lust und Laune als immergrünen Blickfang im Garten pflanzen.

Obwohl durchaus schnittverträglich, ist er als Heckenpflanze weniger gut geeignet. Er sieht am schönsten in Einzelstellung aus und gedeiht auch am besten, wenn Nachbarpflanzen ihm nicht zu dicht auf die Pelle rücken. Außer dem einheimischen Wacholder gibt es zahlreiche exotische Wacholder-Arten mit vielen Sorten, darunter Chinesischer Wacholder (*Juniperus chinensis*, *J. squamata*), Virginischer Wacholder (*J. virginiana*) sowie verschiedene Hybriden.

Sorten

- 'Hibernica': Schmal säulenförmig, bis 5 m hoch und bis 1 m breit.
- 'Hornbrookii': Breitwüchsig kriechend, 0,5 m hoch und bis 2 m breit.
- 'Meyer': Buschig kompakt, lockere Säulenform, bis 4 m hoch und bis 1,5 m breit.

Mein Tipp: Für einen Hauch Toskana im Garten können Sie die Sorte 'Hibernica' pflanzen. Sie sieht fast wie eine Mittelmeer-Zypresse aus.

Juniperus communis

Steckbrief

» *Immergrüne Konifere*
» *Höhe und Breite: Sortenabhängig, sehr variabel.*
» *Blätter: Spitz, nadelförmig, blaugrün, stechend.*
» *Blüten: Klein, gelb, gefolgt von rundlichen, erbsengroßen Beerenzapfen.*
» *Blütezeit: April/Mai.*
» *Standortvorlieben: Sonnig. Trockene bis frische, durchlässige Böden.*

Sonniger Standort, feuchter Boden

DEN KOPF IN DER SONNE, DIE FÜSSE IM NASSEN

Sonnige, feuchte Standorte finden sich in der Natur meist als Feuchtwiesen, entlang von Gewässern oder auch in Tälern und Senken. Oft ist der Boden hier von Natur aus nährstoffreich und humos. Auch in manchen Gärten gibt es solche Standorte. Hier fühlen sich viele schöne und meist pflegeleichte Blütenstauden wie etwa Sibirische Schwertlilie, Jakobsleiter und Blut-Weiderich wohl. Aber auch Gehölze und Bambus gedeihen hier gut.

Dreimasterblume

Tradescantia × andersoniana

Tradescantia × andersoniana

Ein Hauch von Tropen im Garten gefällig? Dann sind Sie mit der Dreimasterblume gut bedient! Die Staude mit schilfartigem Laub und luxuriösen Blüten passt gut an den Rand von Teichen und anderen Gartengewässern.

Dabei müssen die Pflanzen nicht unbedingt nasse Füße haben, obwohl dort der große Durst der Pflanzen am zuverlässigsten gestillt wird. Dreimasterblumen wachsen auch in normalem Boden. Nur sollten Sie dann darauf achten, dass der Boden nicht austrocknet.
Die Pflanze ist trotz ihres exotischen Aussehens voll frosthart und ziemlich pflegeleicht. Das Laub ist bei manchen Sorten purpurn überlaufen und deshalb auch außerhalb der langen Blütezeit ein Blickfang. Die schmalen, riemenförmigen Blätter bilden einen schönen Strukturkontrast zu den Blättern anderer Stauden.
Ein großer Pluspunkt: Nacktschnecken sind in der Regel nicht an ihnen interessiert.
Die handelsüblichen Hybriden bringen, wenn sie sich aussäen, Bastarde hervor. Deren Blüten ähneln nicht unbedingt denen der Elternpflanze.
Wer Überraschungen liebt, lässt sie gewähren. Für eine sortenreine Vermehrung teilen Sie die Pflanzen im Frühjahr oder Herbst.

Steckbrief

- » *Mittelhohe Blütenstaude*
- » *Höhe und Breite: 30–60 cm hoch und breit.*
- » *Blätter: Schmal lanzettlich, mittelgrün, bis 30 cm lang.*
- » *Blüten: Dreieckig, 2,5–4 cm breit in Weiß, Blau, Violett oder Rosa.*
- » *Blütezeit: Juni bis September.*
- » *Standortvorlieben: Sonnig bis halbschattig. Feuchter, humoser, durchlässiger Boden.*

Sorten
- 'Bilberry Ice': Weiß, lila geflammt.
- 'Concord Grape': Violett.
- 'Gisela': Reinweiß.
- 'Innocence': Weiß mit gelber Mitte.
- 'Zwanenburg Blue': Dunkelblau.

Mein Tipp: Schneiden Sie nach der Blüte die Fruchtstände aus. So regen Sie die Pflanze zu einer Nachblüte an und verhindern eine Selbstaussaat von Bastarden.

Entenschnabel-Felberich

Lysimachia clethroides

Die robuste Staude wird auch Schnee-Felberich genannt. Wenn sie blüht, erübrigt sich die Frage nach dem Warum. Die weißen Blütentrauben sind vor dem Aufblühen gebogen und blühen von unten nach oben auf. Voll erblüht richten sie sich mit gebogenen Spitzen auf. An denen öffnen sich erst ganz zum Schluss die letzten kleinen Blüten. Diese Felberich-Art vermehrt sich zwar durch kurze Ausläufer, wuchert aber nicht so stark wie der verwandte, gelb blühende Punktierte Gilbweiderich (*Lysimachia punctata*). Den sollten Sie sich wirklich nur in den Garten holen, wenn Sie vorhaben, nie mehr auf ihn zu verzichten, denn er breitet sich stark aus.
Der elegantere und zahmere Entenschnabel-Felberich dagegen breitet sich nur mäßig stark aus und ist besser unter Kontrolle zu halten. Er eignet sich gut für wiesenartige Pflanzungen und wirkt am schönsten in größeren Gruppen. Die Staude ist am richtigen Standort sehr pflegeleicht. Nur in sehr heißen, trockenen Sommern muss vielleicht mit der Gießkanne oder dem Gartenschlauch nachgeholfen werden. Wenn sich im Herbst die Blüten verabschiedet haben, legt die Pflanze noch mal nach: Das Laub bekommt zum Finale eine leuchtend orangerote Färbung, bevor es abgeworfen wird.

Mein Tipp: Entenschnabel-Felberich wächst zwar auch in normalem Gartenboden. In feuchtem Boden blüht er aber üppiger und sieht den ganzen Sommer über proper aus.

Lysimachia clethroides

Steckbrief

- *Mittelhohe Blütenstaude*
- *Höhe und Breite: Bis 90 cm hoch und bis 60 cm breit.*
- *Blätter: Lanzettlich, zugespitzt, bis 13 cm lang.*
- *Blüten: Spitz zulaufende, 10–20 cm lange Trauben mit kleinen, weißen Blüten.*
- *Blütezeit: Juli bis September.*
- *Standortvorlieben: Sonnig bis halbschattig. Feuchter, humoser, durchlässiger Boden.*

Ajuga reptans

Kriechender Günsel

Ajuga reptans

Die kleine, immergrüne Staude breitet sich rasch aus. Sie kennen die einheimische Art vielleicht aus der Natur. Dort kommt sie vor allem auf feuchten Wiesen und am Waldrand vor. Wegen ihres enormen Ausbreitungsdrangs ist mit der Wildform aber nicht zu spaßen. Sie bildet nicht nur zahlreiche Ausläufer, an deren Ende neue Blattrosetten entstehen, die dann wieder Ausläufer bilden… Die Pflanze sät sich zudem gern und reichlich aus. Für den Garten eignen sich deshalb die Kulturformen besser. Sie sind nicht so ausbreitungsfreudig, haben recht hübsch gefärbte Blätter und die Blüten sind für Insekten genauso anziehend wie die der Wildform. Wenn Sie rasch größere sonnige Flächen mit feuchtem Boden pflegeleicht und ganzjährig begrünen möchten, sollte Günsel die Pflanze Ihrer Wahl sein. Die Staude bringt im Frühjahr schöne, blauviolette Blüten an quirlförmigen Stängeln hervor und lässt sich kinderleicht vermehren. Jedes noch so kleine Teilstück wächst zuverlässig an, solange nur ein paar Wurzelfädchen unten dran sind und der Boden nicht austrocknet.

Steckbrief

- » *Immergrüne Kleinstaude*
- » *Höhe und Breite: Bis 15 cm hoch und 60–90 cm breit.*
- » *Blätter: Eiförmig, gewellt, 6–8 cm lang.*
- » *Blüten: Trauben mit 2 cm großen, violetten Blüten.*
- » *Blütezeit: April bis Juni.*
- » *Standortvorlieben: Sonnig bis halbschattig. Feuchter, auch nährstoffarmer Boden.*

Sorten

- 'Black Scallop': Nahezu schwarze, glänzende Blätter, tiefblaue Blüten.
- 'Burgundy Glow': Silbrig, grün und bronzefarben gescheckte Blätter, hellblaue Blüten.
- 'Catlin's Giant': Rotgrüne, große Blätter, violettblaue Blüten, bis 30 cm hoch.

Mein Tipp: Günsel wächst zwar auch an halb- und sogar vollschattigen Standorten, bekommt dann aber leicht Mehltau.

Jakobsleiter, Himmelsleiter

Polemonium caeruleum

Die einheimische Blütenstaude kommt am Naturstandort auf Feuchtwiesen und in Flusstälern vor. Leider ist sie im Bestand bedroht und immer seltener anzutreffen. Als Gartenpflanze war sie aber jahrhundertelang sehr beliebt und oft auch in Bauerngärten zu finden. Heutzutage ist sie fast vergessen und wird nur noch selten gepflanzt. Wohl auch, weil es in vielen Gärten an feuchten Standorten mangelt. An trockenen Standorten brauchen Sie es gar nicht erst mit der Jakobsleiter zu versuchen. Da kümmert sie einfach vor sich hin oder geht schmollend ein.
Gut eignet sich die Staude für die Bepflanzung von Teichufern, wo sie zusammen mit Dreimasterblumen (*Tradescantia*), Trollbumen (*Trollius*) und Sibirischer Schwertlilie (*Iris sibirica*) für Farbe sorgen kann. Es gibt auch eine weiß blühende Variante namens 'Album'.

Wo sich die schöne Wildstaude wohlfühlt, sät sie sich gern und reichlich aus. Möchten Sie das nicht, schneiden Sie Verblühtes einfach nach der Blüte und vor der Samenreife aus. Das regt die Pflanze außerdem zu einer Nachblüte an. Das klappt nicht immer, aber einen Versuch ist es wert. Oder Sie pflanzen gleich die im Handel oft zu findende Hybride 'Lambrook Mauve'. Die hat fliederfarbene Blüten, wird nur 50 cm hoch und ist steril – da droht garantiert keine Gefahr von ungewolltem Nachwuchs!

Mein Tipp: Halten Sie Nachbarpflanzen etwas auf Abstand, denn die Staude mag es nicht, bedrängt zu werden.

Steckbrief

- *Mittelhohe Blütenstaude*
- *Höhe und Breite: Bis 90 cm hoch und bis 30 cm breit.*
- *Blätter: Gefiedert, bis 40 cm lang.*
- *Blüten: Rispen mit zartblauen, bis 2,5 cm breiten Blüten.*
- *Blütezeit: Ende Mai bis Juli.*
- *Standortvorlieben: Sonnig bis halbschattig. Feuchter, nährstoffreicher, durchlässiger Boden.*

Polemonium caeruleum

Märzenbecher, Frühlings-Knotenblume

Leucojum vernum

Leucojum vernum

Steckbrief

- *Kleine Zwiebelpflanze*
- *Höhe und Breite: Bis 20 cm hoch und bis 8 cm breit.*
- *Blätter: Riemenförmig, glänzend dunkelgrün, bis 25 cm lang.*
- *Blüten: Nickende, breitglockige, weiße, 2,5 cm lange Blüten.*
- *Blütezeit: Ende Februar bis März.*
- *Standortvorlieben: Sonnig bis halbschattig. Feuchter, humoser, durchlässiger Boden.*

Diese einheimische Zwiebelpflanze hat nostalgisches Flair. In der Natur ist sie aber inzwischen selten geworden. Vom Schneeglöckchen unterscheidet sich der Märzenbecher durch den höheren Wuchs und die breitglockigen Blüten mit charakteristischen gelbgrünen Spitzen an den unteren Enden der Blütenblätter. Manchmal erscheinen sogar zwei oder drei Blüten an einem der schlanken Stängel. Für viele Insekten sind die bei milder Witterung oft schon Ende Februar aufblühenden Märzenbecher eine der ersten Nektar-Tankstellen. Die langlebigen, verlässlichen Zwiebelgewächse kommen in Steingärten sowie am Rand von Beeten, Rabatten und am sonnigen Gehölzrand am besten zur Geltung. Damit die Wirkung der kleinen Frühaufsteher nicht verpufft, sollten Sie immer möglichst viele Zwiebeln pflanzen. In größeren Gruppen sehen die kleinen Gartenschätze einfach am schönsten aus. Sie brauchen eigentlich keine weitere Pflege. Vielleicht zögern sie im ersten Jahr nach der Pflanzung etwas mit der Blüte. Aber keine Sorge, das wird schon! Wenn Märzenbechern ein Standort richtig gut gefällt und sie nicht gestört werden, vermehren sie sich sogar durch Aussaat. Sie bilden dann ganz von alleine größere Bestände, die über Jahrzehnte bestehen bleiben können.

Mein Tipp: Die Zwiebeln von Märzenbechern dürfen nie austrocknen. Pflanzen Sie neu erworbene Ware deshalb immer gleich nach dem Kauf im Herbst etwa 7–10 cm tief ein.

Cusicks Prärielilie

Camassia cusickii

Leider wird diese elegante Zwiebelpflanze immer noch viel zu selten gepflanzt. Die Blütenstände sind eine wahre Pracht. Eine Blütentraube kann aus bis zu 100 sternförmigen Einzelblüten bestehen, wobei die Blütenstände von unten nach oben aufblühen. Bei der Sorte 'Zwanenburg' sind die einzelnen Blüten besonders groß und intensiv blau gefärbt. In kleinen Gruppen gepflanzt passen Prärielilien in Staudenbeete und gemischte Rabatten. Vor allem aber eignen sie sich gut zum Verwildern in halbhohen, feuchten Wiesen. Dort vermehren sie sich durch Selbstaussaat und Tochterzwiebeln. Allerdings blühen die Sämlinge erst im Alter von drei bis vier Jahren. Dass sich Prärielilien an geeigneten Standorten problemlos selbst vermehren, ist durchaus von Vorteil. Denn am schönsten sehen sie in Gruppen aus. Prärielilien sind robust und langlebig. Nur in Regionen mit sehr kalten Wintern sollten Sie ihnen einen leichten Winterschutz in Form einer Mulchschicht gönnen. Pflanzen Sie die außergewöhnlich großen Zwiebeln vom Spätsommer bis in den Herbst hinein in etwa 10 cm Tiefe.

Camassia cusickii

Steckbrief

- » *Mittelhohe Zwiebelpflanze*
- » *Höhe und Breite: 60–80 cm hoch und 10 cm breit.*
- » *Blätter: Schmal riemenförmig, leuchtend grün, bis 80 cm lang.*
- » *Blüten: Bis 30 cm lange Trauben mit sternförmigen, 5 cm breiten, blassblauen Blüten.*
- » *Blütezeit: Mai bis Juni.*
- » *Standortvorlieben: Sonnig bis halbschattig. Feuchter, humoser, durchlässiger Boden.*

Weitere Arten

- Leichtlins Prärielilie (*Camassia leichtlinii*): Bis 70 cm hoch, cremeweiße Blüten, Blütezeit: Mai/Juni.
- Essbare Prärielilie (*Camassia quamash*): 50–80 cm hoch, leuchtend blaue Blüten, Blütezeit: Mai/Juni.

Mein Tipp: Lassen Sie das Laub nach der Blüte stehen, bis es von selbst welkt. Nur so können die Pflanzen Nährstoffe für die nächste Saison in den Zwiebeln einlagern.

Arkansas-Scheinaster

Vernonia arcansana

Vernonia arcansana

Diese rotviolett blühende Spätsommerstaude ist eine sehr stattliche Erscheinung. Sie eignet sich für die Pflanzung in Einzelstellung oder als Blickfang im Hintergrund von Rabatten. Obwohl die Pflanzen recht hoch wachsen, sind die Triebe ziemlich standfest und brauchen deshalb in der Regel keine Stütze. Insgesamt zeichnet sich die Arkansas-Scheinaster durch Robustheit und Langlebigkeit aus und braucht kaum Pflege. Das bei vielen Stauden alle paar Jahre übliche Teilen der Horste im Frühjahr oder Herbst ist bei ihr eigentlich nicht nötig. Sie können es aber tun, um sie zu vermehren. Bienen und andere Insekten auf Nektarsuche schätzen die späte Blütezeit der Scheinaster. Und noch ein Pluspunkt spricht für diese Staude: Sie steht nicht auf dem Speisezettel von Nacktschnecken. Die nordamerikanische Schönheit passt, nicht zuletzt wegen ihrer Vorliebe für feuchte Böden, gut an den Rand von Teichen. Sollten Sie die imposante Staude nicht in Einzelstellung platzieren wollen, sind geeignete Pflanzpartner unter anderem herbstblühende Astern in verschiedenen Wuchshöhen sowie hohe Gräser, etwa Chinaschilf (*Miscanthus sinensis*). Im Handel gibt es meistens nur die Urform und keine Sorten.

Mein Tipp: Die Arkansas-Scheinaster ist eine gute Schnittblume, die auch dann noch für bunten Vasenschmuck sorgt, wenn andere Stauden sich schon für diese Saison verabschiedet haben.

Steckbrief

- *Hohe Sommerstaude*
- *Höhe und Breite: 150–200 cm hoch und bis 60 cm breit.*
- *Blätter: Lanzettlich, am Rand gesägt, bis 20 cm lang.*
- *Blüten: Schirmförmige Dolden mit 1 cm breiten, asternähnlichen, rotvioletten Blüten.*
- *Blütezeit: September bis Oktober.*
- *Standortvorlieben: Sonnig. Frischer bis mäßig feuchter, nährstoffreicher Boden.*

Sibirische Schwertlilie, Wiesen-Schwertlilie

Iris sibirica

Die Wiesen-Schwertlilie ist eine Wildpflanze, die in Mittel- und Osteuropa zuhause ist und mancherorts auch in Deutschland auf feuchten Wiesen, in Gräben und Niedermooren vorkommt. Aber sie ist auch eine wertvolle Gartenpflanze. Die Urform passt sowohl an Teichufer als auch in Staudenbeete mit nicht zu trockenem Boden. Der darf gern etwas kalkhaltig sein. Die typischen, violettblauen Irisblüten mit drei aufrechten Dom- und drei Hängeblättern stehen an drahtigen Stängeln hoch über dem Blattschopf. Die Blüten sind zierlich und elegant, die Pflanzen robust, pflegeleicht und anspruchslos. Krankheiten und Schädlinge sind keine zu befürchten. Weil ältere Horste von innen her verkahlen, teile ich sie alle paar Jahre im zeitigen Frühjahr vor dem Austrieb. Sie können die Pflanzen aber auch nach der Blüte ausgraben und teilen. Neuere großblumige Sorten haben zum Teil prächtige Blüten in einem Farbspektrum von Weiß über Blau und Violett bis hin zu Purpur. Sie setzen spektakuläre Akzente im Staudenbeet.

Iris sibirica

Mein Tipp: Nach der Blütezeit fallen die Blatthorste gern auseinander. Ich kürze sie dann einfach um etwa die Hälfte ein.

Sorten

- 'Berlin Purple Wine': Rotviolette Blüten mit heller Aderung. Blühfreudig und robust.
- 'Ceasar's Brother': Nachtblaue Blüten ohne Aderung. Blühfreudig und robust.
- 'My Love': Hellblaue Blüten mit feiner Zeichnung.
- 'Prussian Blue': Große, tiefblaue, gewellte Blüten.
- 'Viel Schnee': Schneeweiße Blüten mit gelbem Schlund.

Steckbrief

- *Mittelhohe Blütenstaude*
- *Höhe und Breite: 50–80 cm hoch und breit. Blütentriebe bis 100 cm hoch.*
- *Blätter: Schmal, grasartig, bis 45 cm lang.*
- *Blüten: Verzweigte Sprosse mit bis zu 5 blauvioletten, 7 cm breiten Blüten.*
- *Blütezeit: Mai/Juni.*
- *Standortvorlieben: Sonnig. Frischer bis feuchter, nährstoffreicher Boden.*

Bahnwärter-Taglilie

Hemerocallis fulva

Hemerocallis fulva

Außer der Urform gibt es zahlreiche Zuchtsorten, die in vielen Farben (außer blau) blühen, auch mit mehrfarbigen und gefüllten Blüten. Was zu den vielen Vorzügen der Taglilie hinzukommt: Schädlinge und Krankheiten sind ihr fast unbekannt und die lilienähnlich aussehenden Blüten sind essbar. Sie schmecken vanilleartig mit einer leichten Schärfe und sind köstlich gepaart mit Frischkäse oder im Salat. Wenn die letzte Blüte verwelkt ist, schneide ich die Blütenstängel so tief wie möglich ab, damit die Pflanze für den Rest des Sommers ordentlich aussieht. In heißen, trockenen Sommern welken manchmal einige Blätter. Die zupfe ich einfach im Vorübergehen ab.

Mein Tipp: Brechen Sie die welken Blüten regelmäßig aus, damit das anmutige Erscheinungsbild der Pflanze nicht beeinträchtigt wird.

Bei dieser unkomplizierten, langlebigen Staude öffnet sich, wie schon der Name sagt, jede Blüte wirklich nur für einen Tag. Weil sich aber immer wieder neue Blüten öffnen, ist die Blütezeit insgesamt recht lang. Sie heißt Bahnwärter-Taglilie, weil sie wegen ihrer Pflegeleichtigkeit früher gern von Eisenbahnern kultiviert wurde. Schranke zu, Schranke auf – dazwischen blieb genug Zeit für die Pflege der Taglilie. Besonders stimmig sehen Taglilien am Rand von Gewässern aus. Aber die Pflanze gedeiht auch in normalen und sogar in recht trockenen Böden.

Steckbrief

- » *Blattschmuck- und Blütenstaude*
- » *Höhe und Breite: Bis 100 cm hoch und bis 120 cm breit.*
- » *Blätter: Schmal riemenförmig, blaugrün, bis 90 cm lang.*
- » *Blüten: Bis 10 cm breite, orangebraune, trichterförmige Blüten an schlanken, aufrechten Stängeln.*
- » *Blütezeit: Anfang Juli bis August.*
- » *Standortvorlieben: Sonnig. Humoser, tiefgründiger, nährstoffreicher Boden.*

Europäische Trollblume

Trollius europaeus

Die in Europa heimische Feuchtwiesenpflanze hat charakteristische kugelige bis schalenförmige, zitronengelbe Blüten. Weil die Art unter Naturschutz steht, dürfen Sie sie nicht einfach in der Natur ausgraben. Aber Sie bekommen die Pflanze in nahezu jeder Staudengärtnerei preiswert zu kaufen.
Öfter als die reine Art werden allerdings Zuchtformen (Hybriden; *Trollius × cultorum*) gepflanzt, weil sie größere, prächtigere Blüten und oft auch eine längere Blütezeit haben. Sie eignen sich, wie die Wildform, für die Pflanzung am Gewässerrand. Die Hybriden wachsen aber auch in Staudenbeeten mit ausreichend feuchtem Boden. Gute Pflanzpartner sind dort beispielsweise Dreimasterblumen (*Tradescantia*), Jakobsleiter (*Polemonium*) und Wiesen- Schwertlilien (*Iris sibirica*). Sowohl die einheimische Trollblume als auch die Hybriden sind am richtigen Standort ziemlich pflegeleicht. Sie können die Blütentriebe nach dem Verblühen kräftig zurückschneiden und den Pflanzen etwas Dünger verabreichen, das fördert eine Nachblüte.

Sorten von *Trollius × cultorum*:

- 'Alabaster': Cremegelbe Blüten, bis 60 cm hoch.
- 'Baudirektor Linne': Dunkelorangefarbene Blüten, bis 50 cm hoch.
- 'Earliest of All': Hellgelb, früh blühend, bis 50 cm hoch.
- 'Orange Princess': Orangegelbe Blüten, bis 90 cm hoch.
- 'Superbus': Goldgelbe Blüten, bis 50 cm hoch.

Mein Tipp: Was manchmal ganz vergessen wird: Trollblumen sind auch schöne Schnittblumen – allerdings sehr giftig. Halten Sie sie deshalb aus der Reichweite von Kindern!

Steckbrief

» *Mittelhohe Blütenstaude*
» *Höhe und Breite: 50–90 cm hoch und bis 40 cm breit.*
» *Blätter: Handförmig, fünflappig, bis 12 cm lang.*
» *Blüten: Kugelig, zitronengelb, bis 5 cm breit.*
» *Blütezeit: Mai bis Juni.*
» *Standortvorlieben: Sonnig bis halbschattig.*
Feuchter, nährstoffreicher, humoser Boden.

Trollius europaeus

Eupatorium fistulosum

Wasserdost

Eupatorium fistulosum

Wasserdost ist eine stattliche Staude für Teichränder, aber auch für Beete und größere Gärten. Im Hintergrund von Staudenrabatten bildet die Riesenstaude eine schöne Kulisse beispielsweise für die gleichzeitig blühenden Raublatt-Astern (*Aster novae-angliae*) und Glattblatt-Astern (*A. novi-belgii*). Hervorragend passt auch das ebenfalls stattliche Chinaschilf (*Miscanthus sinensis*) als Pflanzpartner. Die breiten Blütenstände des Wasserdosts sind im Spätsommer ein echter Schmetterlings- und Bienenmagnet. Wenn es eine Nummer kleiner sein darf, gibt es eine gute Alternative aus der näheren Verwandtschaft: Die Weiße Natternwurz (*Ageratina altissima*, früherer Name: *Eupatorium rugosum*), die nur 80–100 cm hoch wird. Sie hat während des Sommers eine schöne purpur-grüne Blattfärbung und weiße Blüten, die wie beim Wasserdost spät in der Saison erscheinen. Die Standortansprüche sind gleich wie beim hohen, „echten" Wasserdost.

Steckbrief

- » *Hohe Blütenstaude*
- » *Höhe und Breite: Bis 200 cm hoch und bis 100 cm breit.*
- » *Blätter: Lanzettlich, mattgrün, gezähnt, bis 10 cm lang.*
- » *Blüten: Lockere Trugdolden mit kleinen, violetten Blüten.*
- » *Blütezeit: August bis Oktober.*
- » *Standortvorlieben: Sonnig bis halbschattig. Frischer bis feuchter, nährstoffreicher, durchlässiger Boden.*

Sorten

- 'Album': Reinweiße Blüten, 150–200 cm hoch.
- 'Augustrubin': Weinrote Blüten, kompakt, 130–160 cm hoch.
- 'Glutball': Dunkelpurpurne, späte Blüten, 180–200 cm hoch.
- 'Purple Bush': Purpurrote Blüten, kompakt, 120–140 cm hoch.
- 'Riesenschirm': Weinrote, große Blütendolden, 160–180 cm hoch.

Mein Tipp: Die aufrechten Stängel sind auch nach der Blütezeit sehr standfest und schmücken den Herbstgarten noch lange Zeit. Besonders schön sieht es aus, wenn Raureif die Blütenstände überzuckert.

Blut-Weiderich

Lythrum salicaria

Die lange Blütezeit und die Robustheit dieser einheimischen Staude sind beeindruckend. In der Natur begegnen Sie dem Blut-Weiderich im Sommer fast überall am Wegesrand. Mit seinen auffälligen Blütenkerzen sendet er das weithin leuchtende Signal: „Hier bin ich!". Das nehmen auch die Insekten wahr und fliegen drauf. Insbesondere Hummeln und Tagfalter sind häufig anzutreffende Gäste an dieser dekorativen Nektarquelle. Nacktschnecken dagegen mögen die Wildstaude eher nicht. Weil die Blütenstände sehr standfest sind, brauchen sie keine Stütze. Schön, unkompliziert und pflegeleicht – gibt es da vielleicht einen Haken? Eigentlich nicht. Außer, dass die Staude sich gern selbst aussät, wo es ihr behagt. Aber ein richtiger Nachteil ist das nicht. Denn am schönsten sieht Blut-Weiderich ohnehin in Gruppen aus. Wenn Sie keinen Nachwuchs wünschen, schneiden Sie die Blütentriebe nach dem Verblühen einfach aus, bevor sich die Samen im Garten verteilen. Außer der Wildform gibt es Zuchtsorten, die in anderen Farbschattierungen blühen und niedriger oder höher wachsen.
Im Herbst färben sich die Blätter der Pflanze in dekorativen Gelb- und Rottönen.

Steckbrief

» *Mittelhohe Blütenstaude*
» *Höhe und Breite: 100–120 cm hoch und 45 cm breit.*
» *Blätter: Schmal lanzettlich, behaart, bis 10 cm lang.*
» *Blüten: Bis 45 cm lange Kerzen mit kleinen, purpurvioletten Blüten.*
» *Blütezeit: Juni bis September.*
» *Standortvorlieben: Sonnig bis halbschattig. Feuchter bis nasser, nährstoffreicher Boden.*

Lythrum salicaria

Sorten

- 'Blush': Hellrosafarbene Blüten, bis 70 cm hoch.
- 'Feuerkerze': Intensiv rosarote Blüten, 120–150 cm hoch.
- 'Robert': Lachsrote Blüten, 60–80 cm hoch.

Mein Tipp: Obwohl Blut-Weiderich eine typische Sumpfstaude ist, gedeiht er auch auf weniger nassen Böden. Probieren Sie es einfach mal aus!

Muriels Schirm-Bambus

Fargesia murieliae

Dieses große, immergrüne Gras ist die für Hausgärten wohl beste Bambusart. Die schlanken Halme biegen sich unter dem Gewicht der Blattmassen elegant nach außen. Das im Gegensatz zu vielen anderen Bambus-Arten keine lästigen Ausläufer bildende Riesengras wird gern in Einzelstellung gepflanzt. Schirm-Bambus eignen sich aber, in Reih und Glied gesetzt, auch als Sichtschutz-Hecke. Gern wird dieser pflegeleichte Bambus als Kübelpflanze kultiviert. Wenn es dafür eine Nummer kleiner sein soll, gibt es mit 'Jumbo' und 'Simba' zwei Sorten, die maximal 2 m hoch wachsen. Bei der Kübelkultur vergessen Sie aber bitte nicht, die Pflanzen regelmäßig zu düngen!

Steckbrief

- *Immergrünes Bambusgras*
- *Höhe und Breite: Bis 4 m hoch und bis 1,5 m breit.*
- *Blätter: Lanzettlich, erbsengrün, bis 15 cm lang.*
- *Standortvorlieben: Sonnig bis halbschattig. Frischer bis feuchter, durchlässiger, nährstoffreicher Boden.*

Fargesia murieliae

Muriels Schirm-Bambus ist zwar immergrün, aber die Blätter werden im Lauf eines Jahres kontinuierlich abgeworfen und erneuert. In unseren Gärten sieht Bambus immer etwas exotisch aus. Aber vielleicht möchten Sie ja bewusst Asia-Flair in den Garten bringen. Verstärken können Sie die fernöstliche Wirkung mit rotlaubigen Fächer-Ahornen (*Acer palmatum*) als Begleitung.

Die weit verbreitete Bambus-Art kam in den 1970er-Jahren in Verruf, weil nahezu alle Exemplare weltweit plötzlich zu blühen begannen und danach abstarben. Inzwischen sind aus Sämlingen gezogene neue Sorten im Handel. Bei denen ist nicht damit zu rechnen, dass sie in den nächsten Jahren blühen.

Mein Tipp: Schnippeln Sie nicht an den Halmen herum, aber entfernen Sie abgestorbene, trockene Halme, weil das einfach ordentlicher aussieht.

Europäische Eibe

Taxus baccata

Seit alters her kultiviert man Eiben als Gartenpflanzen. Sie werden traditionell als Hecke oder in Formschnitt gezogen, sehen aber auch sehr schön in Gruppen oder in Einzelstellung aus. Sie haben Äste bis zum Boden. Eiben können uralt werden. Sie sind anpassungsfähig, pflegeleicht und vertragen sogar den Wurzeldruck hoher Bäume. Wenn die Eibe geschnitten wird, treibt sie aus dem alten Holz problemlos wieder aus. Deshalb können Eiben auch mit einem radikalen Rückschnitt verjüngt werden. Früher spielte die Eibe im Volksglauben eine große Rolle. Heute verdienen vor allem die vielen schönen Sorten mit verschiedenen Wuchsformen Wertschätzung.
Die Urform hat eine lockere, breit kegelförmige Krone. Sie eignet sich hervorragend zum Formschnitt und wird mit jedem Friseurtermin immer dichter. Wichtig zu wissen: Alle Teile der Pflanze sind stark giftig, nur der rote Samenmantel der Früchte nicht. Deshalb sollten Eiben nie an Kinderspielplätzen gepflanzt werden.

Sorten

- 'Dovastoniana': Breit kegelförmig, Zweige durchhängend, bis 8 m hoch und bis 7 m breit.
- 'Fastigiata Robusta': Straff aufrechte Säulenform, im Alter bis 8 m hoch und bis 2 m breit.
- 'Repandens': Ausgebreitet, dicht verzweigt, 0,7 m hoch und 2–5 m breit.

Taxus baccata

Mein Tipp: Meine in Formschnitt erzogenen Buchsbaumhecken sind vor einigen Jahren dem Buchsbaumzünsler zum Opfer gefallen. Ich habe stattdessen auf Eibe als Einfassungshecke umgesattelt.

Steckbrief

» *Immergrüner, mittelhoher Baum*
» *Höhe und Breite: 5–15 m hoch und 5–10 m breit.*
» *Blätter: Linealische, glänzend dunkelgrüne, 1,5–3 cm lange Nadeln.*
» *Blüten: Männliche Blüten gelblich, weibliche unscheinbar. Kleine, becherförmige, scharlachrote Früchte im Herbst.*
» *Blütezeit: März/April.*
» *Standortvorlieben: Sonnig bis schattig. Frischer bis feuchter, durchlässiger Boden.*

Großer Federbuschstrauch

Fothergilla major

Fothergilla major

Dieser von Natur aus halbrund und kompakt wachsende Strauch eignet sich vor allem als Einzelstück – zwängen Sie ihn auf keinen Fall in einer Hecke ein! Er passt besonders gut in kleinere Gärten, weil er nicht so stark wächst. Der Jahrestrieb geht selten über 5 cm hinaus. Deshalb braucht der Federbuschstrauch auch keinen Erhaltungs- oder Pflegeschnitt. Überhaupt ist Pflegeleichtigkeit quasi sein Markenzeichen, solange der Standort richtig gewählt wurde. Kalkhaltige, trockene Böden sind nicht so seine Sache, da kümmert er vor sich hin. Die puscheligen Blütenstände erscheinen im Frühjahr, meist gegen Ende April, Anfang Mai, noch vor dem Laubaustrieb. Sie sind erst grünweiß, später cremeweiß, halten relativ lange und verströmen einen angenehm würzigen, honigartigen Duft.
Zur Blütezeit macht der Strauch einen wirklich prächtigen Eindruck. Den Sommer über ist er dann eher ein unscheinbarer Geselle, der in die zweite Reihe zurücktritt. Doch im Herbst ist für ihn noch einmal „Showtime“ angesagt: Die flammend orangegelbe bis scharlachrote Laubfärbung dieses Strauchs ist einfach sensationell! Der Große Federbuschstrauch hieße nicht „groß“, wenn er keinen kleinen Bruder hätte. Der Erlenblättrige Federbuschstrauch (*Fothergilla gardenii*) ist ihm in Aussehen und Standortvorlieben sehr ähnlich, wird aber nur maximal 1 m hoch und breit.

Mein Tipp: Nur wenn der Strauch in der vollen Sonne steht, färben sich die Blätter im Herbst wirklich spektakulär.

Steckbrief

- *Normalstrauch*
- *Höhe und Breite: 1,5–2,5 m hoch und breit.*
- *Blätter: Rundlich-eiförmig, mattgrün, 5–10 cm lang.*
- *Blüten: Flaschenbürstenähnlich, cremeweiß, 3–5 cm lang, duftend.*
- *Blütezeit: April/Mai.*
- *Standortvorlieben: Sonnig bis halbschattig. Frischer bis feuchter, durchlässiger, eher saurer Boden.*

Stern-Magnolie

Magnolia stellata

Die Stern-Magnolie ist die zierlichste Vertreterin der Gattung und deshalb auch bestens für kleinere Gärten geeignet. Sie wird vor allem wegen ihrer schönen Blüten gepflanzt, die bereits vor dem Laubaustrieb zahlreich erscheinen. Im Vergleich zu den anderen Magnolien-Arten sind die Blüten zierlicher und wirken dadurch eleganter. Außerdem duften sie angenehm. Der einzige Nachteil, der mir zu dieser schönen Pflanze einfällt: Die frühe Blütezeit macht den Strauch anfällig für Spätfrostschäden. Der trichterförmige bis rundliche, mehrstämmige Strauch ist langsam wachsend, pflegeleicht und kann sehr alt werden, ohne Ihnen dabei über den Kopf zu wachsen. Von der Stern-Magnolie gibt es auch Sorten, die ein etwas stärkeres Wachstum zeigen, jedoch nie beängstigende Ausmaße annehmen. So etwa die Sorte 'Royal Star', die zudem auch größere Blüten hat. 'Royal Star' blüht etwa zwei Wochen später als die Urform. Ihre Blüten sind deshalb nicht ganz so gefährdet, durch späte Fröste braun und unansehnlich zu werden.
Bei der häufig gepflanzten Sorte 'Waterlily' sind die Blüten in der Knospe rosa, später weiß, und größer als bei der Art. Die Blüten dieser Sorte haben rund doppelt so viele Blütenblätter wie die der Urform und wirken dadurch glamouröser.

Mein Tipp: Lassen Sie Schneidwerkzeuge wie Schere und Säge im Halfter. Die Stern-Magnolie sieht unbeschnitten einfach am schönsten aus!

Magnolia stellata

Steckbrief

- *Normalstrauch*
- *Höhe und Breite: Bis 3 m hoch und breit.*
- *Blätter: Verkehrt-eiförmig, mittelgrün, 4–10 cm lang.*
- *Blüten: Breit sternförmig, weiß, bis 8 cm breit.*
- *Blütezeit: März/April.*
- *Standortvorlieben: Sonnig bis lichtschattig.*
  Frischer bis feuchter, tiefgründiger, nährstoffreicher, saurer bis neutraler Boden.

Perlen-Radspiere 'The Bride'

Exochorda × macrantha

Exochorda × macrantha 'The Bride'

Steckbrief

- *Kleinstrauch*
- *Höhe und Breite: 1–1,5 m hoch und breit.*
- *Blätter: Verkehrt-eiförmig, hellgrün, 3–7 cm lang.*
- *Blüten: Nickende Blütentrauben mit 3–4,5 cm breiten, weißen Blüten.*
- *Blütezeit: Mai bis Juni.*
- *Standortvorlieben: Sonnig bis lichtschattig. Frischer bis feuchter, tiefgründiger, kalkarmer Boden.*

Unter den Radspieren ist diese Hybride, also eine Kreuzung aus zwei Arten, eine Ausnahme. Normalerweise sind Radspieren aufrechte, hohe Sträucher, die sich wegen ihrer Größe nur für Parks, nicht aber für Hausgärten eignen. 'The Bride' wird aber gerade mal so hoch, dass Sie, ohne sich tief bücken zu müssen, an den schönen Blüten schnuppern können.

Der Kleinstrauch wächst mit leicht überhängenden Zweigen, die im mittleren bis späten Frühjahr über und über mit reinweißen Blüten bedeckt sind. Die Blüten haben einen leicht herben Duft und sind wahre Bienen- und Hummelmagnete. Wegen der späten Blütezeit brauchen Sie nicht zu befürchten, dass Nachtfröste die Blütenpracht dahinraffen. Und wenn es einen Strauch gibt, der wirklich pflegeleicht ist, dann ist das die Perlen-Radspiere: Sie ist voll frosthart und schon in jungen Jahren reich blühend, kennt keine Krankheiten oder Schädlinge und braucht auch nicht geschnitten zu werden, um alljährlich wieder herrlich zu blühen. Wenn es doch mal sein muss, dann setzen Sie die Schere gleich nach der Blütezeit an. So können sich bis zum folgenden Frühjahr neue Blütentriebe bilden. Einen starken Rückschnitt älterer Äste sollten Sie unbedingt vermeiden, den verträgt die schöne Pflanze nicht.

Mein Tipp: 'The Bride' entwickelt anfangs aufrechte, später überhängende Triebe. Deshalb eignet sie sich besonders gut zur Bepflanzung von Mauerkronen oder Hangterrassen in sonniger Lage.

Viburnum opulus

Gewöhnlicher Schneeball

Viburnum opulus

Dieser einheimische Strauch wirkt zur Blütezeit kaum wie eine Wildpflanze, sondern eher wie eine exquisite Züchtung, weil die tellerförmigen Blütenstände so schmückend sind: In den bis 10 cm breiten, flachen Trugdolden sind die kleinen, fruchtbaren Blüten von einem auffälligen Kranz reinweißer, steriler Randblüten umgeben. Insekten auf Nektarsuche können der Verlockung einfach nicht widerstehen. Im Sommer macht der Strauch nicht viel her, läuft aber zum Herbst nochmal zur Hochform auf. Dann leuchten nicht nur die Blätter in den herrlichsten Rottönen, sondern auch die Früchte. Die kugelrunden, erbsengroßen, durchscheinenden Beeren bleiben oft bis in den Spätwinter hinein an den Zweigen hängen.
Für Menschen sind sie ungenießbar, aber einige Vogelarten mögen sie. Der schöne Strauch stellt keine besonderen Pflegeansprüche und ist voll frosthart. Um die Blühfreude zu erhalten und den Strauch zu verjüngen, lohnt es sich, alle zwei bis drei Jahre einige der älteren Äste bodentief abzuschneiden. Die beste Zeit dafür ist im Frühjahr vor dem Austrieb. Es gibt von diesem schönen, aber recht stattlichen Strauch auch eine Zwergform: 'Compactum' entspricht in Blüte und Fruchtschmuck der Wildart, bleibt aber mit 1,5 m Höhe und Breite deutlich kleiner und wächst zudem auch langsamer.

Mein Tipp: Oft wird die gefüllt blühende Sorte 'Roseum' gepflanzt, die kugelrunde Blütenbälle hat. Die produzieren aber kaum Nektar. Pflanzen Sie der Tierwelt zuliebe deshalb die Wildart in Ihren Garten!

Steckbrief

- *Großstrauch*
- *Höhe und Breite: 3–4 m hoch und breit.*
- *Blätter: Ahornartig, gelappt, frischgrün, bis 12 cm lang.*
- *Blüten: Bis 10 cm breite, flache Trugdolden mit weißen Blüten.*
- *Blütezeit: Mai bis Juni.*
- *Standortvorlieben: Sonnig bis halbschattig. Frischer bis feuchter, durchlässiger Boden.*

Liebliche Weigelie

Weigela florida

Weigelien sind starkwüchsig und bilden viele Triebe, die im Alter bogig überhängen. Ihre Blüten sind bei Bienen und anderen Insekten auf Nektarsuche durchaus beliebt. Die Sträucher eignen sich gut für frei wachsende Blütenhecken, aber auch für den Einzelstand. Es gibt viele Sorten, von denen einige apart braunrot gefärbtes Laub haben. Das kontrastiert wunderbar mit den Blüten. Außer den Sorten werden gern auch Hybriden gepflanzt, also Kreuzungen verschiedener Arten. Sie sind in Aussehen, Blütezeit und Ansprüchen mit der Urform vergleichbar und blühen besonders lange. Lichten Sie Weigelien wegen der relativ späten Blütezeit (und weil viele Sorten im Herbst noch einmal nachblühen) im Frühjahr vor dem Austrieb aus. Lassen Sie dabei aber immer genug ältere Triebe stehen, denn diese Sträucher blühen am vorjährigen Holz. Ansonsten sind Weigelien sehr pflegeleicht.
Nur auf einen Standort mit feuchtem Boden sollten Sie achten.

Steckbrief

- » *Normalstrauch*
- » *Höhe und Breite: 2–3 m hoch und breit.*
- » *Blätter: Elliptisch, hellgrün bis braunrot, 4–6 cm lang.*
- » *Blüten: Trugdolden mit trichterförmig-glockigen, 3–4 cm langen, rosafarbenen Blüten.*
- » *Blütezeit: Mai/Juni, manche Hybriden bis August/September.*
- » *Standortvorlieben: Sonnig bis halbschattig. Frischer bis feuchter, durchlässiger, nährstoffreicher Boden.*

Weigela florida

Sorten

- 'Alexandra': Dunkelrosafarbene Blüten, braunrotes Laub, bis 2 m hoch.
- 'Eva Rathke': Karminrote Blüten, grünes Laub, bis 2 m hoch; Hybride.
- 'Lucifer': Große, intensiv rote Blüten, grünes Laub, 1,5–2 m hoch; Hybride.
- 'Nana Variegata': Rosafarbene Blüten, grünes, cremegelb gerandetes Laub, 1–1,5 m hoch; Hybride.
- 'Styriaca': Leuchtend rosafarbene Blüten, grünes Laub, 2–3 m hoch; Hybride.

Mein Tipp: Wenn die Sorten mit der Zeit ihre braunrote Blattfärbung verlieren, hilft meist ein kräftiger Rückschnitt.

Zaubernuss-Hybriden

Hamamelis × intermedia

Die locker verzweigten, fächer- bis trichterförmig wachsenden Sträucher dieser Zaubernuss-Kreuzungen sind echte Wunderkinder. Sie blühen an frostfeien Tagen ganz munter, wenn andere Gartenpflanzen noch tief schlafen. In milden Wintern öffnen sich die Blüten bereits im Januar, ganz sicher aber von Februar bis zum April. Mit ihrem honigsüßen Duft ziehen die Blüten die ersten nach Nektar suchenden Insekten an. Die Blätter diese Sträucher erscheinen erst im Frühjahr, wenn sich die Blüten verabschiedet haben. Alle Zaubernuss-Hybriden sind sehr pflegeleicht. Sie brauchen in der Regel keinen Rückschnitt, keine Stütze, und Schädlinge oder Krankheiten sind für sie kein Thema. Weil die Sträucher langsam wachsen, werden sie im Garten auch nicht dominant. Im Sommer sind sie eine eher unspektakuläre Erscheinung. Aber im Herbst färbt sich das Laub in den schönsten Gelb-, Orange- und Rottönen, bevor es abfällt.

Sorten

- 'Barmstedt's Gold': Goldgelbe, große Blüten.
- 'Feuerzauber': Weinrote Blüten, früh blühend.
- 'Orange Beauty': Orangegelbe Blüten, starkwüchsig.
- 'Pallida': Hellgelbe, große, stark duftende Blüten, früh blühend.
- 'Ruby Glow': Braunrote, gelb gerandete Blüten.

Hamamelis × intermedia

Steckbrief

» *Mittelgroßer bis großer Strauch*
» *Höhe und Breite: 3–4 m hoch und breit.*
» *Blätter: Verkehrt-eiförmig, mittelgrün, rau, 10–15 cm lang.*
» *Blüten: Achselständige, fadenförmige, bis 3 cm breite Blüten in Gelb, Orange oder Rot.*
» *Blütezeit: Je nach Witterung Januar bis April.*
» *Standortvorlieben: Sonnig bis halbschattig.*
Frischer bis feuchter, nährstoffreicher, kalkarmer Boden.

Mein Tipp: Pflanzen Sie die Sträucher in Hausnähe, an Wegen oder Sitzplätzen. Dann können Sie die Blüten nicht nur gut sehen, sondern auch deren Duft im Vorübergehen genießen.

Halbschattiger Standort, normaler bis trockener Boden

SCHÄTZE FÜR LICHT UND SCHATTEN

Gartenbereiche, die nicht den ganzen Tag, sondern nur einige Stunden Sonne abbekommen, sind perfekte Standorte für viele schöne Blütenstauden wie Japanische Herbst-Anemonen, Eisenhut oder Glockenblumen. Auch kleinere Gehölze, etwa Japanischer Spierstrauch, wachsen hier gut. Wenn der Boden normal feucht oder etwas trockener ist, gedeihen die Pflanzen meist prächtig. In sehr trockenen Sommern müssen Sie aber gelegentlich mit einem Schluck Wasser nachhelfen, damit die Pflanzen nicht verdursten.

Japanische Herbst-Anemone

Anemone hupehensis var. *japonica*

Steckbrief

- *Mittelhohe Blütenstaude*
- *Höhe und Breite: 60–120 cm hoch und 40 cm breit.*
- *Blätter: Ahornartig, zerteilt, dunkelgrün, behaart, bis 10 cm lang.*
- *Blüten: Einfache oder gefüllte, 4–6 cm breite Schalenblüten in Weiß, Rosa- oder Purpurtönen.*
- *Blütezeit: Juli bis Oktober.*
- *Standortvorlieben: Halbschattig. Frischer, humoser, fruchtbarer Boden.*

Blütenzauber vom Sommer bis weit in den Herbst hinein – länger als die Herbst-Anemone hält kaum eine andere Staude durch. Und kaum eine macht weniger Arbeit. Die Pflanze bildet zunächst einen etwa kniehohen Blatthorst. Ab Mai strecken sich die Triebe. Zur Blütezeit tanzen dann die Schalenblüten an langen Stängeln über dem markanten Laub. Herbst- Anemonen gedeihen auch an sonnigen Standorten gut, vorausgesetzt, der Boden hält im Sommer die Feuchtigkeit ausreichend. In der Sonne haben sie sich aber schneller verausgabt und bilden früher Fruchtstände. Diese sehen auch ganz hübsch aus und können bis zum Winter an den Pflanzen belassen werden. Japan-Anemonen passen sowohl ins Staudenbeet als auch an den Gehölzrand. Pflanzen Sie möglichst mehrere Exemplare zusammen oder gesellen Sie ihnen passende Nachbarn wie Eisenhut (*Aconitum*), Silberkerzen (*Cimicifuga*) und Astilben hinzu.

Sorten

- 'Honorine Jobert': Weiße, einfache bis halb gefüllte Blüten, bis 100 cm hoch.
- 'Königin Charlotte': Rosafarbene, locker gefüllte Blüten, bis 70 cm hoch.
- 'Ouvertüre': Zartrosafarbene Blüten, sehr früh, bis 100 cm hoch.
- 'Prinz Heinrich': Magentarote, gefüllte Blüten, bis 100 cm hoch.
- 'Whirlwind': Weiße, locker gefüllte Blüten, bis 110 cm hoch.

Mein Tipp: Eine Frühjahrspflanzung ist ratsam, dann wachsen die Pflanzen besser an. Im ersten Winter ist ein Schutz mit Laub und Reisig nicht verkehrt.

Anemone hupehensis var. *japonica*

Zweiblättriger Blaustern

Scilla bifolia

Diese kleinen, einheimischen Zwiebelpflanzen finden Sie im Frühjahr mit etwas Glück bei Waldspaziergängen. So, wie sie in der Natur wachsen – nämlich in Massen – sollten Sie die blauen Schätzchen auch im Garten einsetzen: In großen Gruppen unter Laubgehölzen oder auch im Rasen. Einmal gepflanzt verbreiten sich Blausterne durch Selbstaussaat und bilden nach einigen Jahren größere Bestände. Vor allem Wildbienen lieben Blausterne, weil sie zu den ersten Nektar-Tankstellen gehören, die nach dem Winter wieder geöffnet haben. Stecken Sie die Zwiebeln zwischen September und November 5 cm tief. Danach brauchen Sie sich nie wieder darum zu kümmern! Wenn Sie Abwechslung lieben, pflanzen Sie die weiße Sorte 'Alba' und oder die zartrosafarbene 'Camea' dazwischen.
Sehr ähnlich ist der Sibirische Blaustern (*Scilla siberica*), eine nicht einheimische, aber deshalb bei Bienen nicht weniger beliebte Zwiebelpflanze. Der Kaukasische Blaustern mit dem fast unaussprechlichen botanischen Namen *Scilla mischtschenkoana* ist ebenfalls ein sehr wertvoller Frühblüher mit schönen, silberblauen Blütenblättern, die einen dunklen Streifen in der Mitte tragen.

Mein Tipp: Das mit dem Verwildern klappt nur, wenn Sie den Boden, auf dem Blausterne wachsen, nicht ständig hacken oder umgraben. Auch wenn sich erst mal nicht viel tut – nach ein paar Jahren ist der Blaustern-Nachwuchs dann plötzlich da!

Scilla bifolia

Steckbrief

- *Kleine Zwiebelpflanze*
- *Höhe und Breite: 8–15 cm hoch und 5 cm breit.*
- *Blätter: Zwei breit riemenförmige, bis 20 cm lange Blätter.*
- *Blüten: Locker gestielte Trauben mit bis zu 10 sternförmigen, 4 cm langen, dunkelblauen Blüten.*
- *Blütezeit: März/April.*
- *Standortvorlieben: Sonnig bis halbschattig. Durchlässiger, humoser Boden.*

Blauer Eisenhut

Aconitum napellus

Das Blau der Blüten dieser schönen, langlebigen Staude hat einfach etwas Magisches. Kaum zu glauben, dass hier kein Züchter seine Hände im Spiel hatte! Aber es ist tatsächlich eine einheimische Pflanze. In der Natur ist sie allerdings inzwischen selten geworden. Bienen und Hummeln lieben die markanten Blüten. Am Gehölzrand, aber auch im halbschattigen Staudenbeet, ist Eisenhut ein toller Blickfang. Die Pflanzen sind ziemlich pflegeleicht, wenn sie erst einmal Fuß gefasst haben. Allerdings brauchen die Blütentriebe manchmal eine Stütze, damit sie nicht abknicken. Außer der einheimischen Art gibt es weitere gartenwürdige Eisenhut-Arten. Am häufigsten wird wohl der Chinesische oder Herbst-Eisenhut (*Aconitum carmichaelii*) gepflanzt. Er zeichnet sich durch einen straffen Wuchs und eine sehr späte Blütezeit bis in den Oktober hinein aus. Die Blüten sind ebenfalls blauviolett und bei Bienen und Hummeln beliebt. Sie können den Herbst-Eisenhut wie den Blauen Eisenhut im Garten verwenden. Alle Teile des Eisenhuts sind übrigens stark giftig. Schon die Berührung ist nicht ohne. Tragen Sie deshalb beim Umgang mit Eisenhut stets Handschuhe. Und kultivieren Sie ihn nicht, wenn Kinder im Garten sind!

Mein Tipp: Wenn der Blaue Eisenhut nach der Blüte seine Blätter welken lässt, haben Sie nichts falsch gemacht. Die Pflanze zieht oft während des Sommers die Blätter ein. Keine Bange, die Pflanzen treiben im kommenden Frühjahr wieder aus!

Steckbrief

- *Hohe Blütenstaude*
- *Höhe und Breite: 120–150 cm hoch und bis 30 cm breit.*
- *Blätter: Ahornartig geteilt, zerschlitzt, bis 10 cm lang.*
- *Blüten: Dichte Trauben mit helmartigen, blauvioletten, bis 4 cm langen Blüten.*
- *Blütezeit: Juni bis August.*
- *Standortvorlieben: Halbschattig bis schattig. Kühler bis frischer, nährstoffreicher, humoser Boden.*

Aconitum napellus

Engelsüß, Gewöhnlicher Tüpfelfarn

Polypodium vulgare

Dieser einheimische, wintergrüne, robuste Farn wird nicht sehr groß. Dafür breitet er sich mit seinen kriechenden Rhizomen allmählich am Standort aus und bildet schöne Bestände. Der Tüpfelfarn ist enorm anpassungsfähig und verträgt sogar sonnige und trockene Standorte recht gut, was bei Farnen sonst eher die Ausnahme ist. Er gedeiht auch als Aufsitzerpflanze auf Baumstümpfen, in Trögen und in Mauerfugen. Überhaupt ist dieser kleine Farn sehr vielseitig im Garten verwendbar. Im Steingarten vermittelt er zwischen Felsbrocken einen naturhaften Eindruck. Unter Gehölzen können Sie ihn als wintergrünen, pflegeleichten Bodendecker einsetzen. Wuchernde Nachbarpflanzen sollten Sie lieber auf Abstand halten, denn sie könnten den Farn verdrängen. Außerdem kommt er nur dann wirklich gut zur Geltung, wenn er seine tief gefiederten Wedel ungestört ausbreiten kann. Weil Farne nicht blühen, sondern sich durch Sporen vermehren, ist er für nektarsuchende Insekten leider völlig uninteressant. Aber auch Nacktschnecken, die sonst über fast alles Grüne im Garten herfallen, finden ihn nicht attraktiv. Den volkstümlichen Namen Engelsüß erhielt dieser Farn übrigens, weil die Rhizome süß schmecken. In der Volksmedizin wurden diese früher gegen Husten, Heiserkeit, Gicht und Leberkrankheiten verwendet. Dafür gibt es heute aber besser wirksame Medikamente.
Lassen Sie den Farn also lieber an Ort und Stelle in Ruhe wachsen!

Steckbrief

- *Wintergrüner Farn*
- *Höhe und Breite: 20–40 cm hoch und breit.*
- *Blätter: Lang gestielte, gefiederte, ledrige Wedel.*
- *Standortvorlieben: Halbschattig bis schattig. Kalkfreier, humoser, nicht zu trockener Boden.*

Polypodium vulgare

Mein Tipp: Die lang gestielten Wedel sehen sehr hübsch als Begleitgrün in kleinen Sträußen aus.

Weicher Frauenmantel

Alchemilla mollis

Alchemilla mollis

Die auf den ersten Blick wenig aufregende Staude hat sich in meinem Garten im Lauf der Jahre als unverzichtbar herausgestellt. Mit seinen schönen Blättern und den duftigen Blüten ist Frauenmantel eine ideale Ergänzung zu Prachtstauden.
Zur Blütezeit ist er ein echter Weichzeichner, der harte Übergänge mildert. Zarte Nachbarpflanzen hingegen verdrängt er durch seinen kräftigen Wuchs. Ich schätze die Staude als Einfassungspflanze und kombiniere sie in dieser Funktion gern auch mit Katzenminze (*Nepeta*), Storchschnabel (*Geranium*) und rotlaubigen Purpurglöckchen (*Heuchera*-Hybriden). Zu Strauchrosen ist Frauenmantel eine wunderbare Ergänzung. Er kaschiert den „Fußbodenbereich" unter den Sträuchern.
Die langlebige Staude ist robust, pflegeleicht, wird von Schnecken verschont und sieht auch nach der Blütezeit bis zum Herbst gut aus. Wenn die gelbgrünen Blütenstände im Sommer welken, schneide ich sie tief unten ab, damit sie sich nicht unkontrolliert versamen. Es reicht, dass sich die Pflanzen durch kurze Ausläufer vermehren. Wenn sie das zu reichlich tun, können Sie die festen Wurzelstöcke im zeitigen Frühjahr vor dem Austrieb mit einem kräftigen Spatenstich teilen. Die wieder eingepflanzten Teilstücke wachsen gut an und blühen noch im selben Jahr.

Mein Tipp: Im Sommer kommt bei mir kein Blumenstrauß ohne die schönen, gelbgrünen Blütenstände des Frauenmantels aus.

Steckbrief

- *Blattschmuck- und Blütenstaude*
- *Höhe und Breite: Bis 60 cm hoch und bis 75 cm breit.*
- *Blätter: Gerundet, gelappt und gezähnt, weich behaart, blassgrün, bis 15 cm lang.*
- *Blüten: Lockere, lang gestielte Rispen mit vielen, winzigen, grünlich-gelben Blüten.*
- *Blütezeit: Juni bis Juli.*
- *Standortvorlieben: Sonnig bis halbschattig. Alle nicht allzu zu trockenen Böden.*

Dalmatiner Glockenblume

Campanula portenschlagiana

Diese anspruchslose, Ausläufer treibende Glockenblume ist eine sehr vielseitige Polsterstaude und eine gute Wahl, wenn Sie sich im Garten anderen Dingen widmen möchten als ständigen Pflegearbeiten. Denn die kleine Schönheit vom Balkan können Sie getrost sich selbst überlassen. Sie gilt als beste Polster-Glockenblume für Trockenmauern und Steingärten und auch als diejenige Art, die am besten mit halbschattigen Standorten zurecht kommt. Ehrlicherweise muss ich aber anfügen, dass die Dalmatiner Glockenblume umso reicher blüht, je mehr Sonnenstrahlen sie abbekommt. Die Blüten sind im Sommer über viele Wochen lang eine beliebte Bienenweide. Die Sorte 'Reshold Variety' hat besonders tief dunkelviolette Blüten und blüht im Spätsommer oft nach. Im Handel finden Sie häufig auch die Sorte 'Birch Hybrid', eine Kreuzung der Dalmatiner Glockenblume mit der wüchsigen, lange blühenden Hängepolster-Glockenblume (*Campanula poscharskyana*). Diese Hybride blüht zuverlässig im Herbst nach und vereint die Vorzüge beider Elternteile. Sie kann, wie die Dalmatiner-Glockenblume, für Trockenmauern, Steingärten und in Pflanzgefäßen verwendet werden.

Steckbrief

- *Polsterstaude*
- *Höhe und Breite: Bis 15 cm hoch und bis 50 cm breit.*
- *Blätter: Nieren- bis herzförmig, gezähnt, 2–4 cm lang.*
- *Blüten: Locker verzweigte Rispen mit röhrigen, blauvioletten, bis 2 cm langen Glockenblüten.*
- *Blütezeit: Juni bis August.*
- *Standortvorlieben: Sonnig bis halbschattig. Mäßig nährstoffreicher, durchlässiger Boden.*

Mein Tipp: Lassen Sie in den ersten Wochen nach der Pflanzung den Boden nicht austrocknen. Ist die Pflanze aber erst einmal eingewachsen, übersteht sie auch kurze Trockenperioden ohne weitere Bewässerung.

Campanula latifolia var. macrantha

Wald-Glockenblume

Campanula latifolia var. macrantha

Unter den hohen Glockenblumen kommt diese einheimische Wildstaude am besten mit halbschattigen und sogar mit schattigen Standorten zurecht. Nicht umsonst heißt sie Wald-Glockenblume! Die gute Schattenverträglichkeit dieser schmucken Pflanze sollten Sie ausnutzen und sie dementsprechend einsetzen, nämlich am Gehölzrand oder in Gartenteilen, die von der Sonne nicht gerade verwöhnt werden. Dort können Sie schon mit einem einzigen Exemplar einen tollen Blickfang setzen. Noch schöner wirken kleine Gruppen. Außer der blauen Wildart gibt es mit 'Alba' auch eine reinweiß blühende Sorte. Die Wald-Glockenblume ist sehr anpassungsfähig und toleriert so gut wie alle Bodenarten, solange sie nicht zu trocken sind. Wenn Sie auf die reichliche Vermehrung durch Selbstaussaat verzichten wollen, sollten Sie die verblühten Stängel vor dem Ausreifen der Samen abschneiden. Ansonsten können Sie die langlebige Pflanze einfach wachsen lassen. Die Blütenstängel sind übrigens sehr standfest und widerstehen auch kräftigen Windböen. Wenn sich im Sommer die Blütenglocken öffnen, werden diese fleißig von Wildbienen besucht. Es gibt sogar eine Wildbienenart, die Glockenblumen-Scherenbiene, die in den Blüten übernachtet!

Steckbrief

- *Hohe Blütenstaude*
- *Höhe und Breite: Bis 100 cm hoch und 60 cm breit.*
- *Blätter: Oval, nesselähnlich, mittelgrün, 7–12 cm lang.*
- *Blüten: Ährenartige Trauben mit 4–6 cm langen, glockenförmigen, blauen Blüten.*
- *Blütezeit: Juni/Juli.*
- *Standortvorlieben: Halbschattig bis schattig. Alle nicht zu trockenen, nährstoffreichen Böden.*

Mein Tipp: In feuchten Böden bleiben die Blätter nach der Blüte erhalten. An trockenen Standorten ziehen sie im Sommer ein. Die Pflanzen treiben aber im folgenden Frühjahr trotzdem wieder aus!

Großblättriges Kaukasusvergissmeinnicht

Brunnera macrophylla

Steckbrief

» *Kleine Blüten- und Blattschmuckstaude*
» *Höhe und Breite: Bis 45 cm hoch und bis 60 cm breit.*
» *Blätter: Schlank herzförmig, behaart, zugespitzt, bis 20 cm lang.*
» *Blüten: Lockere Rispen mit kleinen, hellblauen, sternförmigen Blüten.*
» *Blütezeit: April bis Juni.*
» *Standortvorlieben: Halbschattig. Frischer, lehmig-humoser, nährstoffreicher Boden.*

Brunnera macrophylla

Die kleine Staude mit dem langen Namen gehört zu den schönsten und langlebigsten Frühlingsgewächsen. Die kleinen blauen Blüten erinnern an die des einheimischen Vergissmeinnichts, daher der Name. Der Zusatz „Kaukasus" weist auf ihre ursprüngliche Heimat hin. Gute Pflanzpartner sind Primeln, Akeleien und Lenzrosen (*Hellborus orientalis*). In meinem Garten wächst Kaukasusvergissmeinnicht in mehreren Sorten neben Lenzrosen und nicht wuchernden Arten der Elfenblume (*Epimedium*) seit Jahren in glücklicher Gemeinschaft. Die pflegeleichte Staude kann sich durch Selbstaussaat verbreiten, wird aber dadurch nie lästig. Sie passt gut an Gehölzränder. Und wenn die Zufallssämlinge mal an einer Mauerecke oder an einem anderen Ort unerwartet hervorsprießen, dann sollten Sie das einfach zulassen. Charmanter kann der Frühling sein blaues Band kaum flattern lassen!

Sorten

- 'Betty Bowring': Reinweiße Blüten, Nachblüte im Sommer.
- 'Jack Frost': Silbrige Blätter mit grünen Adern, blaue Blüten.
- 'Langtrees': Grüne Blätter mit silbrigen Flecken, blaue Blüten.
- 'Looking Glass': Silbriges Laub, blaue Blüten.
- 'Variegata': Dunkelgrüne Blätter mit weißem Rand, blaue Blüten.

Mein Tipp: Die Sorten mit weißbunt gezeichneten Blättern eignen sich hervorragend, um dunklere Gartenbereiche aufzuhellen.

Krokus-Arten

Crocus

Crocus

Ein Beispiel ist der Safran-Krokus (*Crocus sativus*). Herbst-Krokusse blühen zum Teil bis in den Oktober hinein.

Arten

- Ankara-Krokus (*C. ancyrensis*): Goldgelbe Blüten im Februar/März.
- Schottischer Krokus (*C. biflorus*): Viele Sorten, blüht im Februar/März.
- Kleiner Krokus (*C. chrysanthus*): Viele Sorten, blüht im Februar/März.
- Pracht-Herbst-Krokus (*C. speciosus*): Zartviolette Blüten im September/ Oktober.
- Frühlings-Krokus (*C. vernus*): Viele Sorten, blüht im März/April.

Wenn Schneeglöckchen und Winterlinge ihre Blüten öffnen, dauert es auch nicht mehr lange, bis die ersten Krokusse zu blühen beginnen. Der Dalmatiner oder Elfen-Krokus (*Crocus tommasinianus*) ist meist der erste. Die zartvioletten Blüten haben orangefarbene Staubgefäße und locken Insekten auf Nektarsuche an. Durch Selbstaussaat bildet dieser kleine Bodenschatz schnell große Bestände. Er eignet sich bestens dazu, im Rasen zu verwildern. Schon kurz nach der Blüte zieht er wieder ein und wird bis zum nächsten Frühjahr unsichtbar. Auch alle anderen Krokus-Arten eignen sich zum Verwildern. Mit Krokussen setzen Sie schöne Akzente in Beeten und im Steingarten oder am Wegesrand.
Die Auswahl an Arten und Sorten ist riesig. Wussten Sie, dass es auch herbstblühende Krokusarten gibt?

Steckbrief

- » *Kleine Knollenpflanze*
- » *Höhe und Breite: Je nach Sorte bis 10 cm hoch und breit*
- » *Blätter: Grasartig, dunkelgrün, bis 7 cm lang.*
- » *Blüten: Trichterblüten in Weiß, Gelb sowie Blau- und Violetttönen.*
- » *Blütezeit: Februar bis März oder September/Oktober (Herbstkrokusse).*
- » *Standortvorlieben: Sonnig. Mäßig nährstoffreicher, durchlässiger Boden.*

Mein Tipp: Krokusse wirken am besten, wenn sie nicht in Reih und Glied gepflanzt werden. Werfen Sie die Knollen einfach in Hüfthöhe aus und setzen Sie sie dort ein, wo sie landen. Zufall ist oft der beste Gärtner!

Reitgras, Gartensandrohr

Calamagrostis × acutiflora

Dieses straff aufrecht wachsende Ziergras eignet sich für die Einzelstellung oder für Staudenbeete. Reitgras ist generell ein zuverlässiger und langjähriger Begleiter für allerlei Mischbepflanzungen und eignet sich wegen seiner Höhe auch als Hintergrund von Staudenrabatten.
Für pflegeleichte Gärten ist es eine wirklich gute Wahl. Es kommt auch mit nährstoffarmen, nicht zu trockenen Böden ganz gut zurecht. Die hier empfohlene, aus einer natürlichen Kreuzung hervorgegangene Hybride ist steril und versamt sich nicht. Im Handel finden Sie oft die Sorte 'Karl Foerster', benannt nach dem berühmten Pflanzenzüchter und Gartenphilosophen. Im Gegensatz zur Urform wuchert sie nicht, blüht relativ früh und hat eine schöne Herbst- und Winterfärbung. Etwas kleiner, mit etwa 130 cm Wuchshöhe, sind die besonders standfesten Sorten 'Overdam' und 'Waldenbuch', die ebenfalls keine Ausläufer bilden. Sie sind daher auch gut für kleinere Gärten geeignet. Schöne Pflanzpartner sind Sonnenhut (*Rudbeckia fulgida*), Stauden-Sonnenblumen (*Helianthus decapetalus*), hochwüchsige Astern, insbesondere die robusten Raublatt-Astern (*Aster novae-angliae*), sowie Sonnenbraut (*Helenium*-Sorten).

Mein Tipp: Gartensandrohr treibt relativ früh im Jahr aus. Um die Jungtriebe nicht zu verletzen, sollten Sie daher den welken Blattschopf vom Vorjahr bereits im zeitigen Frühjahr zurückschneiden.

Calamagrostis × acutiflora

Steckbrief

- » *Hohes, ausdauerndes Ziergras*
- » *Höhe und Breite: Je nach Sorte 80–150 cm hoch und 60–120 cm breit.*
- » *Blätter: Leicht abspreizend, schmal, mittelgrün, 45–90 cm lang.*
- » *Blüten: Weiche, silber- bis bronzebraune, schmale, bis 30 cm lange Rispen.*
- » *Blütezeit: Juni bis August.*
- » *Standortvorlieben: Sonnig bis halbschattig. Nicht zu trockener, eher nährstoffarmer Boden.*

Kambrischer Scheinmohn, Pyrenäen-Scheinmohn

Meconopsis cambrica

Der Kambrische Scheinmohn ist eine gute Wahl für alle, die gern mit dem Zufall gärtnern. Denn die Pflanze sät sich an allen ihr zusagenden Standorten zuverlässig aus und wandert so einmal durch den ganzen Garten. Sie brauchen jedoch keine Angst vor einer Invasion zu haben. Überzählige Sämlinge können, wo sie stören, einfach gejätet werden. Bescheiden in seinen Ansprüchen, aber dennoch dekorativ, gehört der Kambrische Scheinmohn zu den Gartenpflanzen, die ich wirklich guten Gewissens empfehlen kann. Die hell zitronengelben Blüten mit auffälligen Staubgefäßen, die von April bis September in Schüben erscheinen, sind knittrig wie Seidenpapier und ziehen Bienen magnetisch an. Die Farbe passt zu fast allen anderen Blütenfarben, ohne grell zu wirken. Sehr schön sieht der Kambrische Scheinmohn übrigens zwischen Farnen und Gräsern aus. Er passt aber auch gut zu Rhododendren und Azaleen. Durch einen beherzten Rückschnitt nach der Hauptblüte wird eine Nachblüte angeregt. In meinem Garten finde ich noch oft bis in den Oktober hinein die schönen, gelben Blüten.

Meconopsis cambrica

Steckbrief

- *Kurzlebige Staude*
- *Höhe und Breite: 30–45 cm hoch und bis 25 cm breit.*
- *Blätter: Hellgrün, gefiedert, bis 20 cm lang.*
- *Blüten: Einzeln an drahtigen Stängeln, bis 5 cm breit, zitronengelb.*
- *Blütezeit: April bis September.*
- *Standortvorlieben: Halbschattig bis schattig. Durchlässiger, nicht zu nährstoffreicher Boden. Kalktolerant.*

Mein Tipp: Um eine reichliche Selbstaussaat zu verhindern, entferne ich die meisten Fruchtstände, solange sie noch grün sind. Andererseits ist es wunderbar, wie sich diese Staude überall dort ansiedelt, wo sie sich wohl fühlt. So einfach bekommt man in schattigen Bereichen des Gartens kaum sonst einen Blickfang!

Kleiner Winterling

Eranthis hyemalis

Eranthis hyemalis

Die kleinen Winterlinge sind meistens die ersten Blüten, die in meinem Garten erscheinen, oft noch vor den Schneeglöckchen. Anfangs spitzen nur die gelben, kugelförmigen Blütenknospen aus dem Boden. Die kragenförmigen Blätter bilden sich erst während der Blütezeit aus. Frühaufsteher unter den Insekten finden den Weg zu den Blüten durch den süßen Duft, den sie verströmen. Bei Frost schließen sich die Blüten und machen Pause, bis warme Sonnenstrahlen sie wieder aufwecken. Winterlinge sind sehr pflegeleicht. Wo sie einmal Fuß gefasst haben, säen sie sich bereitwillig aus und bilden größere Kolonien. Am Anfang tun sich die kleinen Wichte etwas schwer. Sie können ihnen das Anwachsen erleichtern, indem Sie die Knollen vor dem Pflanzen einige Stunden in Wasser vorquellen lassen. Später brauchen Sie sich nicht mehr um die Pflanzen zu kümmern. Sie erblühen jedes Jahr zuverlässig aufs Neue. Am Ende des Frühjahrs ziehen sie das Laub ein und machen Platz für andere Gewächse. Gut eignen sie sich zur Unterpflanzung laubwerfender Gehölze, aber auch als Ouvertüre im Staudenbeet oder im Steingarten. Zusammen mit Schneeglöckchen und Elfen- Krokussen (*Crocus tommasinianus*) bilden Winterlinge einen bezaubernden Frühlings-Dreiklang.

Mein Tipp: Wo sich Winterlinge aussäen sollen, ist Hacken und Umgraben nicht ratsam. Die Sämlinge erscheinen zahlreich und sind gut an den sternförmigen Blättchen zu erkennen. Sie brauchen aber einige Jahre, bis sie zur Blüte kommen.

Steckbrief

- *Kleine Knollenpflanze*
- *Höhe und Breite: Bis 8 cm hoch und 5 cm breit.*
- *Blätter: Handförmig geschlitzt, kragenartig, bis 10 cm breit.*
- *Blüten: Erst kugelförmige, später 2–3 cm breite, gelbe Schalenblüten.*
- *Blütezeit: Februar/März.*
- *Standortvorlieben: Sonnig bis halbschattig. Fruchtbarer, durchlässiger, kalkhaltiger Boden.*

Colchicum autumnale-Hybride 'Waterlily'

Herbst-Zeitlose

Colchicum autumnale

Etwas Melancholie schwingt mit, wenn im Spätsommer die Herbst-Zeitlosen zu blühen beginnen, denn sie kündigen den Abschied vom Sommer an. Andererseits sind die hell lilarosafarbenen Blüten dieser einheimischen Wildstaude wunderschön und eine willkommene Nektarquelle für Bienen und andere Insekten. Die Blütenkelche erscheinen in kleinen Büscheln wie aus dem Nichts, denn Blätter sind nicht zu sehen. Die Pflanze wird vom Volksmund deshalb auch „Nackte Jungfer" genannt. Erst im folgenden Frühjahr treiben die Blätter aus, die dann im Sommer wieder einziehen. Pflanzen Sie die Knollen zwischen Juli und September in einer Tiefe von etwa 10–20 cm in Stein- oder Kiesgärten oder zum Verwildern in Rasenflächen. Außer der Art und ihren Sorten gibt es noch andere schöne Zeitlose sowie zahlreiche Kreuzungen. Etwa die Hybride 'Waterlily' mit großen, gefüllten Blüten, die an Seerosen erinnern. Eines sollten Sie unbedingt beachten: Alle Pflanzenteile sind stark giftig und der Kontakt mit ihnen kann Hautreizungen hervorrufen. Tragen Sie deshalb beim Umgang mit Herbst-Zeitlosen immer Handschuhe – und verwechseln Sie die Blätter der Pflanze im Frühjahr nicht mit denen des Bär-Lauchs!

Steckbrief

» *Kleine Knollenpflanze*
» *Höhe und Breite: 10–15 cm hoch und bis 8 cm breit.*
» *Blätter: Breit riemenförmig, bis 35 cm lang.*
» *Blüten: Kelchförmig, lavendelrosa, bis 15 cm lang.*
» *Blütezeit: August bis Oktober.*
» *Standortvorlieben: Sonnig bis halbschattig. Mäßig*
» *trockener, tiefgründiger, humoser, durchlässiger Boden.*

Sorten

- 'Album': Reinweiße Blüten.
- 'Alboplenum': Gefüllte, weiße Blüten.
- 'Pleniflorum': Gefüllte, lilarosafarbene Blüten.

Mein Tipp: Lassen Sie die im Frühling erscheinenden Blattschöpfe unbedingt bis zum Verwelken stehen. Nur so können die Pflanzen langfristig überleben.

Buxus sempervirens

Europäischer Buchsbaum

Buxus sempervirens

Der langlebige Buchsbaum ist ein immergrünes Gartengehölz mit langer Tradition. Renaissance-, Barock-, aber auch Kloster- und Bauerngärten sind kaum vorstellbar ohne die Formschnitthecken und grünen Skulpturen aus Buchsbaum. Als Kübelpflanze ziert er zu Kugeln frisiert Balkone und Terrassen. Und selbst als frei wachsendes Gehölz macht Buchs an fast jedem Standort eine gute Figur. Früher hätte ich an dieser Stelle geschrieben, dass es kaum ein anspruchsloseres und pflegeleichteres immergrünes Gartengehölz gibt als den Buchsbaum. Doch heute kann ich nicht mehr unbedingt zum Pflanzen dieses Gehölzes raten. Ein eingeschleppter Schädling, der Buchsbaumzünsler, macht den Pflanzen seit einigen Jahren schwer zu schaffen. Die Raupen dieses Kleinschmetterlings fressen in mehreren Generationen pro Jahr die Zweige des Buchsbaums ratzekahl. Zudem breitet sich auch eine Pilzkrankheit nahezu unaufhaltsam aus und lässt die Triebe welken. Weil Buchs eine seit Jahrhunderten fest mit der Gartenkultur verbundene Pflanze ist, darf er in der Auswahl der schönsten Gartenpflanzen aber auch nicht fehlen. Entscheiden Sie selbst, ob Sie das Risiko eingehen möchten, eventuell einen Pflegefall im Garten aufzunehmen.

Mein Tipp: Die Eibe ist, wie der Buchsbaum, schnittverträglich, robust und immergrün und daher eine gute Alternative. Im Handel finden Sie auch Sorten der Japanischen Stechpalme (*Ilex crenata*), die dem Buchsbaum ähnlich sehen, allerdings weniger robust sind.

Steckbrief

- *Immergrüner Normal- bis Großstrauch*
- *Höhe und Breite: Bis 8 m hoch und bis 5 m breit.*
- *Blätter: Länglich-oval, glänzend dunkelgrün, 1,5–2,5 cm lang.*
- *Blüten: Gelb, unscheinbar in kleinen Knäueln.*
- *Blütezeit: April/Mai.*
- *Standortvorlieben: Sonnig bis schattig. Mäßig trockener, durchlässiger Boden.*

Großblütiges Johanniskraut

Hypericum calycinum

Dieser wintergrüne, in klimatisch milden Regionen sogar immergrüne Strauch ist anspruchslos, anpassungsfähig, pflegeleicht und robust. Krankheiten oder Schädlinge sind der Pflanze praktisch unbekannt und kürzere Trockenperioden übersteht sie problemlos. Die bis in den Herbst hinein erscheinenden Blüten sind eine beliebte Bienenweide und sehen noch dazu richtig hübsch aus. Gibt es auch einen Haken dabei? Nun, die Pflanze treibt fleißig Ausläufer. Das kann natürlich auch als Vorteil gesehen werden. An Böschungen etwa verhindern die Ausläufer eine Bodenerosion. Und wenn Sie größere Flächen im Garten mit einer pflegeleichten Dauerbepflanzung versehen wollen, ist das Großblütige Johanniskraut eine gute Wahl. Verwandte Arten und Kreuzungen (Hybriden) werden ebenfalls gern in Gärten gepflanzt, etwa das Dichtblütige Johanniskraut (*Hypericum densiflorum*), von dem es einige schöne Sorten gibt. In Aussehen und Standortvorlieben ähnelt es dem Großblütigen Johanniskraut. Die Hybride 'Hidcote' wächst bis 1,2 m hoch und breit und wird damit etwas größer als die Wildart. Beim Schnitt brauchen Sie sich nicht zu verkünsteln: Im Frühjahr vor dem Austrieb schneiden Sie die Triebe einfach mit der Heckenschere bodennah ab. Solange noch Blattknospen an den Stängeln verbleiben, treibt die Pflanze zuverlässig wieder aus. Nach solch einer radikalen Schur blühen die Pflanzen übrigens besonders reich!

Mein Tipp: Wenn Kahlfröste drohen, ist ein Winterschutz in Form eines Vlieses eine gute Idee.

Steckbrief

- *Ausläufer treibender Kleinstrauch*
- *Höhe und Breite: 0,2–0,6 m hoch und unbegrenzt breit.*
- *Blätter: Schmal eiförmig, ledrig, 4–10 cm lang.*
- *Blüten: Schalenförmig, goldgelb, 4–8 cm breit.*
- *Blütezeit: Juli bis September.*
- *Standortvorlieben: Sonnig bis schattig.*
  Mäßig trockener, lockerer, auch kalkhaltiger Boden.

Hypericum calycinum

Japanischer Spierstrauch

Spiraea japonica

Diese sommerblühenden Kleinsträucher sind unglaublich vielseitig im Garten verwendbar. Es gibt zahlreiche Sorten, die alle auch als Einzelsträucher schon attraktiv wirken. Sie können aber auch in Rabatten eine charmante Verbindung mit Stauden, Gräsern und anderen sommerblühenden Kleingehölzen eingehen. Oft wird der Japanische Spierstrauch als frei wachsende, niedrige Blütenhecke gepflanzt. Er eignet sich außerdem zur Pflanzung an Böschungen sowie großflächig als Bodendecker. Die Pflanze ist voll frosthart, sehr pflegeleicht und kennt keine Krankheiten oder Schädlinge. Und als Krönung färbt sich das Laub vieler Sorten im Herbst in schönen Gelb-, Orange- und Rottönen. Sie können die Pflanze einfach vor sich hin wachsen lassen. Ohne Schnitt vergreisen die Sträucher aber mit der Zeit und geizen mit Blüten.

Steckbrief

- *Kleinstrauch*
- *Höhe und Breite: Bis 1 m hoch und breit.*
- *Blätter: Lanzettlich, frisch- bis mattgrün, bis 8 cm lang.*
- *Blüten: Flache, bis 20 cm breite Trugdolden mit kleinen weißen, hellrosafarbenen oder karminroten Blüten.*
- *Blütezeit: Ende Juni bis September.*
- *Standortvorlieben: Sonnig bis halbschattig. Mäßig trockener bis frischer, durchlässiger, nährstoffreicher Boden.*

Spiraea japonica

Ein kräftiger Rückschnitt im Frühjahr vor dem Austrieb fördert eine dichte Verzweigung und die Blütenbildung. Schneiden Sie dazu die Triebe einfach eine Handbreit über dem Boden ab.
Die Pflanzen blühen noch im selben Jahr an den neuen Trieben.

Sorten

- 'Albiflora': Reinweiße Blüten, hellgrünes Laub.
- 'Anthony Waterer'. Karminrote Blüten, lange Blütezeit.
- 'Dart's Red': Dunkelkarminrote Blüten.
- 'Goldflame': Purpurrosafarbene Blüten, grünlich-gelbes Laub.
- 'Little Princess': Hellrosafarbene Blüten.

Mein Tipp: Sorten mit gelbgrünem Laub können dunkle Gartenecken aufhellen.

Halbschattiger Standort, feuchter Boden

LIEBLINGE FÜR LAUSCHIGE ECKEN

Halbschattige Standorte mit feuchtem Boden finden sich meist unter lichten Laubbäumen, die im Winter ihre Blätter abwerfen, sodass dann mehr Licht und Regen auf den Boden gelangen. Im Sommerhalbjahr können diese Standorte etwas trockener sein. Sie sind ideal für frühlingsblühende Zwiebel- und Knollenpflanzen wie Hasenglöckchen oder Traubenhyazinthen. Auch viele Gräser, kleine Blüten- und Blattschmuckstauden sowie Sträucher wie Rhododendren und Hortensien gedeihen gut im feuchten Halbschatten.

Gewöhnliche Akelei

Aquilegia vulgaris

Aquilegia vulgaris

Diese anmutige, einheimische Wildstaude sollte in keinem Garten fehlen. Schon allein, weil sie äußerst pflegeleicht ist und von Nacktschnecken verschmäht wird. Die Blüten eignen sich zudem als schöne Schnittblumen. Akeleien sind zwar kurzlebig und verabschieden sich oft schon nach zwei oder drei Jahren wieder. Aber sie tun das nicht, ohne vorher noch durch Selbstaussaat für Nachwuchs gesorgt zu haben. Die Wildart blüht violettblau. Weil es aber viele Kulturformen gibt und Akeleien sich kreuzen, treten bei den Nachkommen überraschende Farbeffekte auf. Es gibt darunter reinweiß blühende Formen, aber auch solche mit zweifarbigen und sogar mit halb oder dicht gefüllten Blüten – je nachdem, welche andere Akelei bei der Affäre mit im Spiel war. Akeleien passen gut in Staudenbeete, vor allem, wenn Sie mehrere Exemplare locker in die Pflanzung einstreuen. Farblich harmonieren die meist in Blau-, Violett- und Rosatönen blühenden Gartenschätze mit vielen anderen Frühjahrsstauden. Ich pflanze sie besonders gern mit Pfingstrosen zusammen. Hummeln schätzen die Blüten der Akeleien als Pollen- und Nektarspender. Um an die Nahrung zu kommen, beißen sie die Sporne an der Oberseite der Blüte auf. Ziemlich clever eigentlich!

Sorten

- 'Barlow'-Serie: Gefüllte Blüten in verschiedenen Farben.
- 'William Guinness': Schwarzpurpur-weiße, ungefüllte Blüten.

Mein Tipp: Akeleien säen sich gern selbst aus. Wenn Sie das nicht wollen, entfernen Sie die noch grünen Fruchtstände gleich nach der Blüte.

Steckbrief

- » *Kurzlebige Staude*
- » *Höhe und Breite: 50–90 cm hoch und bis 45 cm breit.*
- » *Blätter: Gelappt, mittelgrün, 7–10 cm lang.*
- » *Blüten: Lang gestielte Trauben mit hängenden, bis 2 cm langen Blüten.*
- » *Blütezeit: Mai bis Juni.*
- » *Standortvorlieben: Sonnig bis halbschattig. Nicht zu trockener, nährstoffreicher Boden.*

Atlantisches Hasenglöckchen

Hyacinthoides non-scripta

Kaum zu glauben, aber beim Atlantischen Hasenglöckchen handelt es sich tatsächlich um eine einheimische Zwiebelpflanze! Weil es in Deutschland aber nur wenige natürliche Verbreitungsgebiete gibt, werden Sie diesem blauen Schatz selten in der freien Wildbahn begegnen. Am ehesten noch im sogenannten „Wald der blauen Blumen“ bei Hückelhoven in Nordrhein-Westfalen. Umso mehr ein Grund, die langlebige, pflegleichte und wildromantische Zwiebelpflanze in den Garten zu pflanzen. Charakteristisch für diese Art ist, dass sich die stark duftenden Blüten nur nach einer Seite hin entfalten. Es gibt mit 'Alba' auch eine weiß blühende Form. Wenn Sie die Fruchtstände nicht vor dem Ausreifen entfernen, verbreiten sich Hasenglöckchen gern durch Selbstaussaat. Nach einigen Jahren tauchen sie ganze Gartenpartien für kurze Zeit in ein himmlisches Blauviolett. Ganz ähnlich sieht das Spanische Hasenglöckchen (*Hyacinthoides hispanica*) aus. Hier sind die Blüten aber rund um den Stängel angeordnet und duften nicht. Auch das Spanische Hasenglöckchen sät sich bereitwillig aus. Von ihm gibt es zudem weiß und rosafarben blühende Sorten. Am besten wirken beide Arten am Gehölzrand und als Unterpflanzung von lichten Gehölzen. Sie können aber auch als schöne Ouvertüre in Beeten mit spät austreibenden Stauden gepflanzt werden.

Mein Tipp: Mehr ist mehr! Hasenglöckchen wirken am schönsten, wenn sie in Massen auftreten.

Hyacinthoides non-scripta

Steckbrief

» *Kleine Zwiebelpflanze*
» *Höhe und Breite: Bis 40 cm hoch und 8 cm breit.*
» *Blätter: Riemenförmig, dunkelgrün, bis 45 cm lang.*
» *Blüten: Leicht übergeneigter Stängel mit bis zu 12 blauen, 1,5–2 cm langen Glockenblüten.*
» *Blütezeit: April bis Mai.*
» *Standortvorlieben: Halbschattig. Frischer bis feuchter, aber durchlässiger, humoser Boden.*

Hakonechloa macra
'Aureola'

Japangras, Zwergschilf

Hakonechloa macra

Das im Handel auch als Japan-Bandgras, Japan-Waldgras oder einfach als Berggras geführte, sommergrüne Gewächs ist mit seinen auffälligen, entspannt überhängenden Blattschöpfen ein echter Blickfang im Garten. Es gibt zwar auch die grünblättrige Urform, aber am häufigsten wird die gelbgrün gestreifte Sorte 'Aureola' gepflanzt. Insbesondere dunklere Gartenecken können Sie damit gut aufpeppen. Die Pflanze bildet mit der Zeit ansehnliche Horste, ohne zu wuchern. Mit diesem schönen Gras haben Sie wenig Arbeit, erzielen aber die ganze Gartensaison über eine tolle Wirkung. Schnecken und andere Schädlinge sowie Krankheiten sind kein Thema. Wie bei allen Gräsern ist auch beim Japangras eine Frühjahrspflanzung empfehlenswert. Dann wächst es einfach besser an. Im Herbst zeigen die Blattschöpfe eine schöne Laubfärbung, bevor sich das Gras in die Winterruhe verabschiedet. In klimatisch rauen Regionen ist ein Winterschutz in Form einer dicken Decke aus Laubmulch erforderlich, denn scharfe Fröste verträgt das Gras nicht. Ich habe einige Exemplare in Töpfe gepflanzt. Die stelle ich bei drohendem Dauerfrost einfach in den dunklen Keller. Ab und zu gebe ich während der Winterruhe ein paar Schlucke Wasser, damit die Wurzeln nicht austrocknen. Spätestens ab Mai dürfen die eingetopften Gräser dann ins Freie.

Mein Tipp: Japangras wirkt noch schöner, wenn es in Töpfen gepflanzt wird. Dann kommt der fontänenartige Wuchs optimal zur Geltung.

Steckbrief

- *Sommergrünes Ziergras*
- *Höhe und Breite: Bis 35 cm hoch und 40 cm breit.*
- *Blätter: Schmal, gekielt, bis 30 cm lang.*
- *Blüten: Zarte Rispen, die kaum über den Laubschopf hinausragen.*
- *Blütezeit: Wenn das Gras überhaupt blüht, dann ab Oktober.*
- *Standortvorlieben: Halbschattig. Feuchter, lockerhumoser, nährstoffreicher Boden.*

Echtes Mädesüß

Filipendula ulmaria

Eine schönere und gleichzeitig ökologisch wertvollere Pflanze für feuchte, halbschattige Standorte finden Sie kaum unter den einheimischen Stauden. Die fedrigen, süß duftenden Blüten der Pflanze sehen toll aus, locken alle Arten von Insekten an, und das markante Laub dient vielen Schmetterlingsarten als Raupenfutter. Oft wird Mädesüß am Rand von Gewässern in voller Sonne gepflanzt. An entsprechenden Standorten kommt es auch in der Natur vor. In meinem Garten wächst Mädesüß aber seit Jahrzehnten im Halbschatten in frischem, nicht besonders feuchtem Gartenboden am Gehölzrand. Das geht also auch – und sieht noch dazu schön aus! Die Pflanze ist robust, standfest, voll frosthart und langlebig. Nacktschnecken machen einen Bogen um die harten Blätter der Pflanze. Die Sorte 'Plena' hat gefüllte Blüten und versamt sich kaum.

Steckbrief

- *Wildstaude*
- *Höhe und Breite: Bis 90 cm hoch und bis 60 cm breit.*
- *Blätter: Unregelmäßig gefiedert, stark geadert, bis 20 cm lang.*
- *Blüten: Lockere, bis 25 cm breite Schirmrispen mit cremeweißen Blüten.*
- *Blütezeit: Juni bis Juli.*
- *Standortvorlieben: Sonnig bis halbschattig. Frischer bis feuchter, nährstoffreicher Boden.*

Filipendula ulmaria

Der Name „Mädesüß" geht wohl darauf zurück, dass früher Wein, insbesondere der Honigwein Met, mit dem Kraut gesüßt wurde. Alle Pflanzenteile, vor allem die Blüten, eignen sich tatsächlich gut zum Aromatisieren von Süßspeisen und Getränken. Außerdem ist Mädesüß ganz offiziell ein Heilkraut, das unter anderem Salicylsäure enthält. Das ist der Wirkstoff im Aspirin, der schmerzlindernd und fiebersenkend ist. Ach ja, und eine schöne Schnittblume ist Mädesüß übrigens auch noch!

Mein Tipp: Mädesüß sät sich an geeigneten Standorten gern selbst aus. Ich entferne daher abgeblühte Stängel, bevor sie ihre Samen verstreuen können.

Breitblättriges Plattährengras

Chasmanthium latifolium

Chasmanthium latifolium

Dieses außergewöhnliche Gras hat bambusähnliche Blätter und elegant bogig überhängende, lockere Blütenähren. Die tropfenartig hängenden kleinen Ähren sehen wie plattgebügelt aus und flattern munter bei jedem kleinen Windstoß. Sie sind zunächst hellgrün gefärbt und wechseln zum Herbst hin über Gelbgrün zu Kupfer. Das ergibt einen schönen Kontrast zu den im Herbst bernsteingelben Blättern. Die trockenen Blütenstände sind den ganzen Winter über attraktiv, besonders aber an Tagen mit Raureif. Ich schneide das Gras deshalb immer erst im Spätwinter zurück. Bei ausreichender Bodenfeuchtigkeit verträgt das Plattährengras auch sonnige Standorte, wächst dann aber straffer aufrecht. Lästige Ausläufer bildet das langlebige Gras keine. Allerdings kann es auf ausreichend feuchten Böden durch Selbstaussaat viele Nachkommen erzeugen. Aber vielleicht ist das ja gerade erwünscht? Plattährengras eignet sich nämlich gut als großflächige Unterpflanzung von lichten Gehölzgruppen. Besonders schön sieht dieses absolut pflegeleichte Gras auch in Kombination mit herbstblühenden Astern aus. Früher trug das Gras übrigens den botanischen Namen *Uniola latifolia*.

Sorten

- 'Little Tickler': Wie die Urform, aber nur 45–50 cm hoch.
- 'River Mist': Blätter grün-weiß gestreift, 60–80 cm hoch.

Mein Tipp: Die Blütenstände eignen sich hervorragend als Begleitgrün für Blumensträuße. Getrocknet sind sie ebenfalls ein schöner Vasenschmuck.

Steckbrief

- » *Sommergrünes Ziergras*
- » *Höhe und Breite: 80–100 cm hoch und 60 cm breit.*
- » *Blätter: Lanzettlich, gebogen, mittelgrün, 10–25 cm lang.*
- » *Blüten: Offene Rispen mit flachen, länglich-eiförmigen, 1 cm langen Ähren.*
- » *Blütezeit: August bis Oktober.*
- » *Standortvorlieben: Sonnig bis halbschattig. Frischer bis feuchter, humoser, nährstoffreicher Boden.*

Purpurglöckchen-Hybriden

Heuchera-Cultivars

Die kompakt und büschelförmig wachsenden Stauden werden weniger wegen ihrer Blüten gepflanzt. Denn auffälliger als die winzigen Blüten sind die faszinierenden, bunten Blätter, die je nach Sorte grün, gelbbraun oder braunrot gefärbt sind. Manche der rotlaubigen Sorten vergrünen an zu schattigen Standorten. Es gibt aber auch solche, die ihre schöne rote Farbe trotz weniger Sonnenstrahlen zuverlässig behalten (siehe Sortentipps). Allen gemeinsam ist, dass sie robust und wüchsig sind und nicht wuchern. Purpurglöckchen setzen Akzente im Vordergrund von Beeten, können als Einfassung für Rabatten oder am Gehölzrand gepflanzt werden und sehen besonders schön in Töpfen aus. Weil die Pflanzen auch im Winter meist adrett wirken, eignen sie sich gut für Vorgärten, Balkonkästen und die Grabbepflanzung. In den letzten Jahren sind Purpurglöckchen enorm beliebt geworden, so dass es inzwischen zahlreiche schöne Sorten gibt – und es werden jedes Jahr mehr!

Sorten

- 'Caramel': Große, orange-karamellfarbene Blätter.
- 'Mocha': Große, braunrote Blätter, nicht verblassend.
- 'Obsidian': Dunkel braunrote, glänzende Blätter, nicht verblassend.
- 'Plum Pudding': Silbrig schimmernde, pflaumenfarbene Blätter.
- 'Silver Scrolls': Silberne Blätter mit dunklen Blattadern.

Heuchera-Hybride

Steckbrief

- » *Wintergrüne Blattschmuckstaude*
- » *Höhe und Breite: 30 cm hoch und breit, die Blütenstände werden bis zu 60 cm hoch..*
- » *Blätter: Herzförmig, gelappt, in vielen Farben, 10–15 cm breit.*
- » *Blüten: Lockere, lang gestielte Rispen mit winzigen, rötlichen Blüten.*
- » *Blütezeit: Juni bis August.*
- » *Standortvorlieben: Sonnig bis halbschattig. Frischer bis feuchter, humoser, nährstoffreicher Boden.*

Mein Tipp: Frost kann die Pflanzen im Winter aus dem Boden heben. Ich setze sie dann einfach wieder tiefer in die Erde. Sie wachsen danach meist problemlos weiter.

Hohe Schlüsselblume

Primula elatior

Wir alle kennen die knallbunten Frühlingsprimeln, die es in den ersten Monaten des Jahres in jedem Gartencenter und sogar im Supermarkt gibt, ganz nach dem Motto: Kaufen, freuen und nach dem Verwelken wegwerfen! Dies hier ist eine wilde und nachhaltige Schwester der kurzlebigen Ex-und-hopp-Primeln. Nachhaltig deshalb, weil die Pflanze selbst zwar nicht uralt wird, sich aber gern versamt und Ihnen dadurch über lange Zeit im Garten erhalten bleibt. Die zart duftenden Blüten dieser einheimischen Pflanze ziehen langrüsselige Nektarsucher wie Hummeln und Schmetterlinge an. Bienen beißen manchmal die Kronröhren der Blüten von außen an, um an den Nektar zu gelangen. Für die Raupen einiger gefährdeter Schmetterlingsarten dienen Schlüsselblumen als Futter. Die alte Heilpflanze eignet sich gut für feuchte Wiesenflächen und naturnahe Unterpflanzungen von lichten Gehölzen. Auch in Steingärten und am Rand von Gartengewässern sieht sie stimmig aus. Zusammen mit anderen Frühjahrsblühern, die ähnliche Standortvorlieben haben, etwa Hasenglöckchen (*Hyacinthoides*) und Traubenhyazinthen (*Muscari*), können Sie schöne, naturnahe Frühlingsbilder im Garten schaffen. Und hatte ich schon erwähnt, dass diese Pflanze äußerst pflegeleicht ist?

Mein Tipp: Um die Nachkommenschaft dieser liebenswerten Frühlingsbotin halbwegs unter Kontrolle zu behalten, schneide ich die meisten, aber nicht alle welken Blütenstände ab, bevor sie ihre Samen im ganzen Garten verstreuen können.

Primula elatior

Steckbrief

- *Kleine Wildstaude*
- *Höhe und Breite: Bis 25 cm hoch und breit.*
- *Blätter: Eiförmig, hellgrün, bis 20 cm lang.*
- *Blüten: Dolden mit trichterförmigen, hellgelben, 2,5 cm breiten Blüten.*
- *Blütezeit: März bis April.*
- *Standortvorlieben: Sonnig bis halbschattig. Feuchter, durchlässiger, lehmig-humoser Boden.*

Große Sterndolde

Astrantia major

Die Blütenstände dieser einheimischen Staude sind unbedingt einen zweiten Blick wert: Die eigentlichen Blüten sitzen in der Mitte, umgeben von sternförmig angeordneten Hochblättern. In der Farbe sind sie eher zurückhaltend. Deshalb eignen sie sich als Begleitung für viele andere Gartenschönheiten, insbesondere für Rosen. Als Schnittblumen füllen Sterndolden Sträuße mit prächtigeren Hauptakteuren, ohne sich in den Vordergrund zu spielen. Das Gleiche gilt für ihre Verwendung im Garten zwischen anderen Blütenstauden. Die vitalen, pflegeleichten Pflanzen bilden schöne, langlebige Horste und verbreiten sich an geeigneten Standorten durch Selbstaussaat. Lieben Sie Überraschungen? Dann lassen Sie die Sämlinge einfach wachsen. Sie haben oft Blüten, die etwas anders als die der Mutterpflanzen aussehen. Ein Rückschnitt nach der Blütezeit verhindert die Selbstaussaat und begünstigt eine Nachblüte im September.

Astrantia major

Steckbrief

- » *Kleine bis mittelhohe Blütenstaude*
- » *Höhe und Breite: 30 cm (Blattrosetten) bis 90 cm (Blütenstängel) hoch und 45 cm breit.*
- » *Blätter: Handförmig geteilt, gezähnt, 8–15 cm lang.*
- » *Blüten: Kleine Dolden mit 2–3 cm breiten, sternförmigen Blüten in grünlichem Weiß oder Rosa.*
- » *Blütezeit: Ende Juni bis August.*
- » *Standortvorlieben: Sonnig bis halbschattig. Frischer bis feuchter, nährstoffreicher, humoser Boden.*

Sorten

- 'Florence': Rosafarbene, große Blüten.
- 'Roma': Rosafarbene Blüten mit dunkleren Staubgefäßen.
- 'Ruby Wedding': Dunkelste aller rot blühenden Sorten.
- 'Shaggy': Silbrig weiße, grün überhauchte Blüten.
- 'Sunningdale Variegated': Rosaweiße Blüten, cremefarben gerandetes Laub.

Mein Tipp: Wenn Sterndolden die Blätter müde hängen lassen, ist das ein sicheres Zeichen dafür, dass ich anfangen sollte den Garten zu wässern.

Traubenhyazinthe

Muscari

Muscari botryoides

Mit Traubenhyazinthen können Sie im Frühjahr ihr blaues Wunder erleben, denn die kleinen Blüten strahlen in intensivstem Blau. Die vielseitigen, anspruchslosen und robusten kleinen Zwiebelpflanzen bilden relativ rasch kompakte Horste, bei denen sich die Blütenstängel dicht aneinander kuscheln.
So wird die tolle Farbwirkung noch intensiver. Bei der Armenischen Traubenhyazinthe (*Muscari armeniacum*) treiben die Blätter schon im Herbst aus und bleiben den Winter über grün. In manchen Gartenbüchern steht, dass sich diese Pflanze aggressiv ausbreiten kann. Na und? Traubenhyazinthen sehen am schönsten in Massen aus. Sie eignen sich gut zum Verwildern in naturnahen Gärten, aber auch als Begleitung höherer Zwiebelpflanzen wie Tulpen und Narzissen. Pflanzen Sie die Zwiebeln im Herbst 5–10 cm tief.

Steckbrief

- *Kleine Zwiebelpflanze*
- *Höhe und Breite: Bis 20 cm hoch und 5 cm breit.*
- *Blätter: Schmal riemenförmig, mittelgrün, bis 30 cm lang.*
- *Blüten: Bis 7,5 cm lange, gestielte Trauben mit kleinen, eiförmigen, kobaltblauen Blüten.*
- *Blütezeit: März/April.*
- *Standortvorlieben: Sonnig bis halbschattig. Feuchter, mäßig fruchtbarer, durchlässiger Boden.*

Außer der Armenischen Traubenhyazinthe gibt es weitere Arten, die dieser in Aussehen und Standortansprüchen recht ähnlich sind. Etwa die Kleine Traubenhyazinthe (*M. botryoides*). Sie ist eine selten gewordene einheimische Zwiebelpflanze, die in allem etwas kleiner bleibt als die armenische Schwester. Blüten in Blauschwarz mit weißem „Röckchen“ hat die Weinbergs-Traubenhyazinthe (*M. neglectum*), hellblaue die Himmelblaue Traubenhyazinthe (*M. azureum*).

Mein Tipp: Wenn die Pflanzen blühfaul werden, grabe ich sie während der Ruhezeit im Spätsommer aus, teile die Horste und pflanze die Teilstücke wieder ein.

Kerzen-Wiesenknöterich

Bistorta amplexicaulis

Diese robuste, unkomplizierte Staude wird oft unterschätzt. Die kerzenförmigen, roten Blütenstände sehen zwar auf den ersten Blick nicht so prächtig aus. Aber in größeren Gruppen oder zwischen den Blüten anderer Stauden wirken Sie umwerfend! Ein weiterer Pluspunkt ist die lange Blütezeit von Juli bis September. Für Insekten sind die Blüten eine Nektar-Tankstelle, die vom Sommer bis zum Herbst nonstop geöffnet hat. Wenn dann die letzten Blüten welken, färbt sich das Laub der Pflanze orangerot bis gelb. Die Staude ist sehr pflegeleicht, voll frosthart, langlebig und verbreitet sich nicht aggressiv durch Ausläufer oder Selbstaussaat. Schnecken interessieren sich nicht für sie und Krankheiten sind ihr auch fremd. Allerdings braucht die Pflanze viel Platz. Wiesen-Kerzenknöterich sieht wegen seines Wildcharakters in naturnahen Pflanzungen und am Rand von Gewässern besonders schön aus. Und wenn Sie die Art nicht unter diesem Namen im Handel finden, dann vielleicht unter einem der früheren. Die Pflanze hieß auch schon *Persicaria amplexicaulis* oder *Polygonum amplexicaule*. Es handelt sich wohlgemerkt um ein und dieselbe Art!

Steckbrief

- » *Blütenstaude*
- » *Höhe und Breite: Bis 120 cm hoch und breit.*
- » *Blätter: Spitz, mittelgrün, bis 25 cm lang.*
- » *Blüten: Verzweigte Stängel mit 10 cm langen, kerzenförmgen, roten Blütenständen.*
- » *Blütezeit: Juli bis September.*
- » *Standortvorlieben: Sonnig bis halbschattig. Feuchter bis sehr feuchter, humoser, nährstoffreicher Boden.*

Sorten

- 'Album': Weiße Blüten.
- 'Blackfield': Dunkelrote Blüten.
- 'Fire Tail': Scharlachrote Blüten.
- 'Orange Field': Orangerosafarbene Blüten.

Bistorta amplexicaulis

Mein Tipp: In der Natur wächst die Staude auf schattigen Wiesen im Himalaya. Ich habe jedoch die Erfahrung gemacht, dass umso mehr Blüten erscheinen, je mehr Sonne die Pflanze abbekommt.

Sommergrüne Azalee

Rhododendron-Cultivars

Im Frühjahr sind die Sträucher ein echter Knaller mit toller Fernwirkung. Die Blüten sitzen dann dicht an dicht in kleinen Büscheln an den noch blattlosen Triebspitzen. Bei vielen Sorten, aber nicht bei allen, duften sie herrlich. Diese Azaleen sind nahe Verwandte der immergrünen Rhododendren, gelten aber als robuster, winterhärter und anpassungsfähiger als diese. Zudem bleiben sie relativ kompakt im Wuchs und eignen sich deshalb gut für Hausgärten. Meistens sind unter der Bezeichnung Kreuzungen verschiedener Azaleen-Wildarten im Handel. Eine der Elternarten ist die Pontische Azalee (*Rhododendron luteum*). Sie hat mit ihren Genen wohl den schönen Duft und die goldgelbe Farbe der Blüten vieler dieser Hybriden beigesteuert. Die Sortenauswahl bei den Hybriden ist riesengroß. Die Sträucher wachsen in der Regel breitbuschig und sind am geeigneten Standort ziemlich pflegeleicht. Nur in kalkigen Böden wollen sie nicht gedeihen. Einen Rückschnitt brauchen sie so gut wie gar nicht. Sollte es doch mal nötig sein, die Sträucher zu stutzen, dann geschieht das am besten direkt nach der Blütezeit.

Rhododendron-Hybride

Steckbrief

- *Sommergrüner Kleinstrauch*
- *Höhe und Breite: 1,5–2 m hoch und breit.*
- *Blätter: Lanzettlich, mittelgrün, bis 10 cm lang.*
- *Blüten: Trauben mit trichterförmigen, 6–8 cm langen, gelben, rosafarbenen oder orangeroten Blüten.*
- *Blütezeit: Mai/Juni.*
- *Standortvorlieben: Sonnig bis halbschattig. Frischer bis feuchter, durchlässiger, humoser, eher saurer Boden.*

Sorten

- 'Feuerwerk': Orangerote, duftende Blüten, bis 2,5 m hoch.
- 'Juniduft': Rosafarbene, duftende Blüten, bis 2 m hoch.
- 'Klondyke': Goldgelbe, orange geflammte Blüten, bis 2 m hoch.

Mein Tipp: Wenn Sie Wert auf einen guten Duft der Blüten legen, kaufen Sie eine blühende Azalee. So können Sie den Duft und die Blütenfarbe realistisch beurteilen.

Raue Deutzie

Deutzia scabra

Deutzia scabra

Wenn andere Sträucher im Frühjahr schon verblüht sind, kommen Deutzien erst richtig in Fahrt. Ab Mai erscheinen Unmengen nach Honig duftender Blüten und locken Insekten auf Nektarsuche an. Nicht umsonst trägt die Deutzie auch den Beinamen „Maiblumenstrauch“: Sie verwöhnt im Wonnemonat mit einem überschäumenden Blütenmeer. Manche Sorten blühen sogar bis in den Juli hinein. Die straff aufrecht wachsende, dicht verzweigte Raue Deutzie ist ein anpassungsfähiger, robuster, frostharter Vertreter der Gattung. Sie können sie sowohl in Einzelstellung als auch in Gruppen pflanzen. Besonders gut eignet sich das pflegeleichte Gehölz für frei wachsende Blütenhecken. Seit Einführung der aus Ostasien stammenden Deutzien Ende des 19. Jahrhunderts wurden zahlreiche schöne Sorten gezüchtet und unter wohlklingenden Namen in den Handel gebracht. Viele sind Kreuzungen aus verschiedenen Wildarten und eine Bereicherung für jeden Garten. Niedrig bleibende Arten und Sorten, etwa die Zierliche Deutzie (*D. gracilis*) oder die kompakt wachsende Hybride ‘Boule de Neige’, erreichen kaum 1 m Wuchshöhe. Sie eignen sich deshalb besonders gut für kleine Gärten.

Steckbrief

» *Normalstrauch*
» *Höhe und Breite: Bis 3 m hoch und 2 m breit.*
» *Blätter: Breit eiförmig, dunkelgrün, bis 8 cm lang.*
» *Blüten: Zylindrische, bis 15 cm lange Rispen mit 1,5 cm breiten, weißen Blüten.*
» *Blütezeit: Mai/Juni.*
» *Standortvorlieben: Sonnig bis halbschattig. Frischer bis feuchter, nährstoffreicher Boden.*

Sorten

- ‘Candidissima’: Reinweiße, gefüllte Blüten.
- ‘Codsall Pink’: Anfangs malvenrosafarbene, später weiße Blüten.
- ‘Pride of Rochester’: Reinweiße, gefüllte Blüten.

Mein Tipp: Damit die Sträucher blühfreudig bleiben, sollten Sie ältere, dicke Zweige gelegentlich bis zum Boden zurückschneiden. Der beste Zeitpunkt dafür ist nach der Blüte im Juli.

Japanischer Blumen-Hartriegel

Cornus kousa

Cornus kousa

Steckbrief

- *Mittelgroßer Strauch bis Kleinbaum*
- *Höhe und Breite: 4–7 m hoch und 3–4 m breit.*
- *Blätter: Eiförmig, dunkelgrün, 6–9 cm lang.*
- *Blüten: Kleine Blütenköpfchen,*
- *umgeben von vier weißen, 3–5 cm langen Hochblättern.*
- *Blütezeit: Juni/Juli.*
- *Standortvorlieben: Sonnig bis*
- *halbschattig. Frischer bis feuchter, lehmig-humoser, saurer bis neutraler Boden.*

Suchen Sie nach einem Blütengehölz, das im Frühsommer prächtig blüht, Ihnen aber mit den Jahren nicht den ganzen Garten verschattet? Dann sind Sie mit dem Blumen-Hartriegel gut beraten. Der in der Jugend aufrecht wachsende Kleinbaum bildet später lockere, breitwaagerechte Kronen aus, durch die immer noch genug Licht fällt. Am schönsten kommt er in Einzelstellung zur Geltung. Er blüht ohne Konkurrenten auch am üppigsten. Doch eigentlich sind die Blüten eine Mogelpackung. Denn die „Blumen“ sind in Wirklichkeit zierende Hochblätter. Sie sollen Insekten zur Bestäubung der winzigen echten Blüten anlocken und verbleiben viele Wochen an den Zweigspitzen. Im Herbst gibt es noch ein Extra: Das Laub des Blumen-Hartriegels färbt sich zum Saisonausklang leuchtend rot. Wenn es schließlich zu Boden segelt, bleiben die rosaroten, an große Himbeeren erinnernden Steinfrüchte noch einige Zeit an den Zweigen hängen. Sie sind essbar, schmecken aber fade. Insgesamt ist dieses Gehölz sehr pflegeleicht. Daran herumschnippeln müssen Sie eigentlich nicht, und wenn doch, dann am besten direkt nach der Blütezeit.

Sorten

- 'China Girl': Große, hellgelbe bis cremefarbene Hochblätter.
- 'Satomi': Rosarote Hochblätter, purpurrote Herbstfärbung.
- 'Teutonia': Reinweiße, große Blüten, sehr früh blühend.

Mein Tipp: Blüht Ihr frisch gepflanzter Blumen-Hartriegel nicht? Keine Bange, das ändert sich, wenn die Pflanze älter wird!

Cornus alba 'Elegantissima'

Tatarischer Hartriegel

Cornus alba

Der wüchsige Strauch wächst anfangs aufrecht, später geht er in die Breite. Gepflanzt wird er vor allem wegen der bunten Rinde, die im Winter einen schönen Farbakzent im Garten setzt. Er sieht sowohl in Einzelstellung als auch in Strauchgruppen sowie als frei wachsende Hecke schön aus. Die Blüten sind zwar nicht spektakulär, aber eine echte Bienenweide. Manche Sorten des Tatarischen Hartriegels haben weiß- oder gelbbunt gemusterte Blätter, was Abwechslung in den Garten bringt. Im Herbst erscheinen erbsengroße, weiße bis bläuliche Früchte, bevor sich das Laub orangefarben tönt. Vögel fliegen auf die beerenartigen Früchte! Hartriegel ist ein flach wurzelndes Gehölz, das gern Ausläufer bildet. Die können Sie einfach ausreißen. Außerdem bilden die Zweige, wenn sie den Boden berühren, rasch Wurzeln. So entsteht mit den Jahren ein richtiges Dickicht. Wenn Sie das nicht möchten, schneiden Sie tief wachsende Zweige einfach im Frühjahr ab. Das trägt gleichzeitig zur Verjüngung des Strauchs bei. Ansonsten ist der Strauch sehr robust, frosthart, pflegeleicht und anspruchslos.

Sorten

- 'Elegantissima': Graugrüne, weiß gerandete Blätter, purpurrote Rinde.
- 'Sibirica': Lebhaft grüne Blätter, korallenrote Rinde.
- 'Sibirica Variegata': Silberweiß gerandete Blätter, korallenrote Rinde.

Mein Tipp: Ältere Zweige verlieren die schöne Rindenfärbung. Deshalb schneide ich bei meinem Hartriegel im zeitigen Frühjahr ältere Triebe bis auf den Boden herunter. Die Rinde der neuen Triebe ist dann wieder brillant gefärbt.

Steckbrief

» *Normalstrauch*
» *Höhe und Breite: 2–5 m hoch und breit.*
» *Blätter: Eiförmig, zugespitzt, 4–8 cm lang.*
» *Blüten: Etwa 5 cm breite Trugdolden mit kleinen, gelblich-weißen Blüten.*
» *Blütezeit: Mai/Juni.*
» *Standortvorlieben: Sonnig bis halbschattig. Frischer bis feuchter, mäßig nährstoffreicher Boden.*

Garten-Hortensie

Hydrangea macrophylla

Hydrangea macrophylla

Steckbrief

- » *Kleinstrauch*
- » *Höhe und Breite: Bis 1,5 m hoch und breit.*
- » *Blätter: Eiförmig, gezähnt, bis 20 cm lang.*
- » *Blüten: Ballförmige bis abgeflachte, bis 20 cm breite Schirmrispen mit weißen, rosafarbenen oder blauen Scheinblüten.*
- » *Blütezeit: Juli bis Oktober.*
- » *Standortvorlieben: Licht- bis halbschattig. Frischer bis feuchter, nährstoffreicher, saurer bis neutraler Boden*

Garten-Hortensien passen gut in Staudenbeete und Gehölzrabatten, bieten aber auch ganz allein einen schönen Blickfang. Zudem sind sie schmucke und nachhaltige Pflanzen für die Topf- und Kübelkultur, etwa auf halbschattigen Balkonen und Terrassen. Vorausgesetzt, Sie vergessen das Gießen nicht, denn Hortensien sind immer durstig! Die echten Blüten sind winzig und stehen in der Mitte farbiger Hochblätter. Es gibt noch weitere gartenwürdige Arten der Gattung, etwa die Wald-Hortensie (*Hydrangea arborescens*). Deren bekannteste Vertreterin ist die Sorte 'Annabelle'. Die bringt große, weiße Blütenstände hervor, die von Juni bis September an breitbuschigen, bis 1,5 m hohen Sträuchern stehen. Schneiden Sie im Spätwinter die Triebe von 'Annabelle' beherzt eine Handbreit über dem Boden ab. Im Frühjahr danach treiben die Sträucher wieder zuverlässig zu voller Größe aus. Bei Garten-Hortensien sollten Sie aber nur die welken Blütenstände an der Spitze der Zweige entfernen, denn die Blüten entwickeln sich hier an den Enden vorjähriger Triebe.

Sorten

- 'Endless Summer': Die Sorten dieser Serie blühen tatsächlich den ganzen Sommer lang. Vergleichbare Serien sind 'Everbloom' und 'Forever and ever'. Alle bieten ungefüllt, gefüllt und tellerförmig blühende Sorten in verschiedenen Farben.

Mein Tipp: Blau blühen Garten-Hortensien nur, wenn sie in saurem Boden wachsen. In eher kalkhaltigen Böden sind die Blütenstände rosafarben.

Jungfernrebe, Wilder Wein

Parthenocissus quinquefolia

Die Gewöhnliche Jungfernrebe, im Volksmund auch Wilder Wein genannt, will ganz hoch hinaus. Und das ziemlich schnell. Die Kletterpflanze bildet zwar nur wenige Haftscheiben aus, kommt aber meist ohne unterstützende Kletterhilfe an jeder Hauswand hoch. Das Laub dieser im Grunde pflegeleichten und robusten Pflanze ist sehr schmückend, ganz besonders im Herbst, wenn es sich flammend rot färbt. Im Frühsommer sind die eher unscheinbaren Blüten ein echter Insektenmagnet für Bienen, Hummeln, Schwebfliegen und Schmetterlinge.
Im Herbst reifen blauschwarze kugelrunde, erbsengroße Früchte. Für uns sind sie ungenießbar, aber für Amseln und andere Singvögel ein Festschmaus. Eine Fassadenbegrünung mit Wildem Wein will jedoch reiflich überlegt sein. Gut möglich, dass er Ihnen schon nach wenigen Jahren über den Kopf wächst und das Laub im Herbst die Dachrinnen verstopft (soviel zum Thema „im Grunde pflegeleicht“). Die Dreilappige Jungfernrebe (*Parthenocissus tricuspidata*) ist eine nahe Verwandte des Wilden Weins. Sie hat die gleichen Standortansprüche, wächst ebenso schnell und hoch, breitet sich aber in der Fläche weiter aus. Die Blätter sind weniger stark gefingert, eher ahornähnlich, wachsartig glänzend und im Herbst mit ihrer bunten Färbung ein toller Blickfang!

Mein Tipp: An sonnigen Hauswänden ist die Herbstfärbung am schönsten. Spötter nennen den Wilden Wein übrigens auch „Architektentrost“, weil er Bausünden gnädig überwuchert.

Parthenocissus quinquefolia

Steckbrief

- *Sommergrüne Kletterpflanze*
- *Höhe und Breite: 10–20 m hoch und bis 2 m breit.*
- *Blätter: Handförmig, mit fünf gesägten, spitzlanzettlichen, bis 10 cm langen Einzelblättern.*
- *Blüten: Grünweiße Rispen, unscheinbar.*
- *Blütezeit: Juni bis Juli.*
- *Standortvorlieben: Sonnig, halbschattig bis schattig. Frischer bis feuchter, nährstoffreicher Boden.*

Liebesperlenstrauch, Bodiniers Schönfrucht

Callicarpa bodinieri var. *giraldii*

Die kleinen, violetten Blüten dieses Strauchs werden fleißig von Bienen, Hummeln und Schwebfliegen besucht. Aber nicht deshalb wird die Schönfrucht gepflanzt. Bei diesem Strauch kommt es vor allem auf den Fruchtschmuck an. Nomen est omen: Die im Herbst erscheinenden Früchte sind wirklich außergewöhnlich schön. Die kleinen, glänzenden, violett gefärbten, tatsächlich an Liebesperlen erinnernden Früchte sitzen in dichten Büscheln an den Triebenden. In Sträußen halten sie über Wochen und in Kränzen bewahren sie auch ohne Wasserzufuhr lange ihre Form und Farbe. Nur naschen sollten Sie nicht von den Früchten, denn sie sind für Menschen giftig. Der Strauch wächst langsam, deshalb müssen Sie ihn eigentlich kaum schneiden. Die Triebe bleiben viele Jahre vital und blühfreudig. Aber wenn sie alle paar Jahre ältere Triebe bodeneben herausschneiden, verjüngt sich der Strauch und Sie verhindern, dass er von unten her verkahlt. Die beste Zeit für einen Rückschnitt ist vor der Blüte. Ansonsten ist der Strauch sehr pflegeleicht, frosthart, widerstandsfähig gegen Krankheiten und Schädlinge und fast ganzjährig eine Zierde im Garten. Im Herbst färbt sich das Laub übrigens hellgelb bis orange, was einen aparten Kontrast zu den leuchtenden Beeren bildet, die dann noch lange an den Zweigen haften.

Mein Tipp: Pflanzen Sie mehrere Exemplare zusammen, dann klappt das mit der Fruchtbildung durch die Fremdbestäubung besser!

Steckbrief

- *Normalstrauch*
- *Höhe und Breite: Bis 2 m hoch und breit.*
- *Blätter: Elliptisch, stumpfgrün, 5–12 cm lang.*
- *Blüten: Kleine, lilafarbene Büschel.*
- *Blütezeit: Juli bis August.*
- *Standortvorlieben: Sonnig bis lichtschattig. Frischer bis feuchter, durchlässiger, eher saurer Boden.*

Callicarpa bodinieri

Euonymus europaeus

Pfaffenhütchen

Euonymus europaeus

Das einheimische Pfaffenhütchen ist vom Frühjahr bis zum Spätsommer ein eher unspektakulärer Strauch. Aber wenn andere Gartengehölze ihren großen Auftritt hinter sich haben, ist für das Pfaffenhütchen „Showtime" angesagt. Die dann reifenden, 1,5 cm breiten Früchte gleichen tatsächlich den Hüten von katholischen Geistlichen: karminrosa, später rot, und markant vierteilig wie ein Pfaffenhut. Nur eben im Miniaturformat. Die rosaroten Fruchthüllen ummanteln eine glänzende, orangefarbene Samenhülle. So appetitlich das auch aussehen mag: Die Früchte sind für Menschen giftig. Nicht aber für Vögel. Der Volksmund nennt das Pfaffenhütchen deshalb auch „Rotkehlchenbrot", weil die kleinen Singvögel ganz wild auf die Früchte des Strauchs sind. Die gefiederten Freunde fressen nur die orangefarbenen Samenhüllen mitsamt Inhalt. Der Rest der Fruchtstände bleibt hängen und bildet noch lange einen schönen Blickfang an den kahlen Zweigen. Das Laub des Pfaffenhütchens färbt sich mit abnehmenden Temperaturen im Herbst immer schöner in aufregenden Rot- und Purpurtönen. Pflanzen Sie diesen ökologisch wertvollen Strauch entweder als Teil einer frei wachsenden Blütenhecke oder in Einzelstellung. Schnittmaßnahmen sind in der Regel nicht erforderlich und auch sonst ist die Pflanze wirklich pflegeleicht.

Mein Tipp: An einem sonnigen Standort ist die Herbstfärbung am schönsten. Aber auch im lichten Schatten färben sich die Blätter bunt.

Steckbrief

» *Großstrauch*
» *Höhe und Breite: 2–6 m hoch und breit.*
» *Blätter: Elliptisch, dunkelgrün, bis 7 cm lang.*
» *Blüten: Unscheinbar, gelblich-grün, etwa 1 cm breit.*
» *Blütezeit: Mai bis Juni.*
» *Standortvorlieben: Sonnig bis halbschattig. Frischer bis feuchter, durchlässiger, eher kalkhaltiger Boden.*

Großblättrige, immergrüne Rhododendron-Hybriden

Rhododendron-Cultivars

Rhododendren sind immergrüne Blütenwunder für Gärten mit ausreichend feuchtem Boden. Im Frühjahr verwandeln sich die sonst eher unspektakulär aussehenden Sträucher in ein Farbenmeer. Die je nach Sorte weißen, gelben, rosafarbenen, roten oder violetten Blüten sind insbesondere für Hummeln eine willkommene Nektarquelle. Im Allgemeinen sind Rhododendren ziemlich pflegeleicht. Allerdings sollte der Boden ausreichend feucht sein und der Standort nicht zu heiß oder lufttrocken. Früher wurden Rhododendren wegen ihrer Vorliebe für saure Böden reichlich mit Torf „gefüttert". Das ist nicht nur ökologisch bedenklich, sondern macht auch ständig Arbeit. Sobald der Säuregehalt im Boden sinkt, muss nachgelegt werden. Inzwischen gibt es aber die fantastischen INKARHO®-Hybriden. Dabei handelt es sich um Sorten, die auf kalktolerante Unterlagen veredelt wurden. Sie gedeihen auch in neutralen Böden gut und brauchen keinen Torf. Baumschulen bieten ein breites Sortiment derart veredelter Sorten an, darunter auch die unten genannten.

Rhododendron-Hybride 'Cunningham's White'

Steckbrief

- » *Immergrüner Normalstrauch*
- » *Höhe und Breite: 1–3 m hoch und breit, selten höher und breiter.*
- » *Blätter: Länglich-eiförmig, dunkelgrün, glänzend, ledrig, bis 10 cm lang.*
- » *Blüten: Rundliche Büschel mit weit geöffneten Kelchblüten in vielen Farben außer Blau.*
- » *Blütezeit: Mai/Juni.*
- » *Standortvorlieben: Lichter Schatten bis Halbschatten. Feuchter, durchlässiger, eher saurer Boden.*

Sorten

- 'Catawbiense Boursault': Lila. 3–4 m hoch.
- 'Cunningham's White': Reinweiß, gelbbraune Zeichnung. 2–3 m hoch.
- 'Goldbukett': Cremegelb, dunkelrot gezeichnet. 2–3 m hoch.

Mein Tipp: Wenn die Blätter Ihrer Rhododendren gelb werden, ist der Boden zu kalkhaltig. Sie können den Säuregehalt des Bodens durch Rhododendron-Spezialdünger erhöhen, dann werden die Blätter wieder dunkelgrün.

Strauch-Rosskastanie

Aesculus parviflora

Aesculus parviflora

In Hausgärten ist nicht genug Platz, um echte Rosskastanien zu pflanzen. Doch mit der Strauch-Rosskastanie gibt es eine kleinere Version. Die voll frostharte Pflanze bildet keinen Stamm, sondern wächst strauchartig und breitet sich mit Ausläufern aus. Das Laub ähnelt dem der großen Schwester und ist beim Austrieb bronzerot. Ein großer Pluspunkt: Für die gefürchtete Kastanien-Miniermotte sind die Blätter uninteressant.
Relativ spät im Sommer erscheinen die charakteristischen, bis 30 cm langen Blütenstände. Die kleinen, weißen Blüten duften vor allem abends und locken Nachtfalter an. Früchte werden nur selten ausgebildet. Sie ähneln denen der Rosskastanie, haben aber eine weniger stachelige Fruchthülle.
Die markanten Blätter nehmen im Herbst eine spektakuläre goldgelbe Herbstfärbung an. Wenn Sie die Ausläuferbildung zulassen, bildet sich mit den Jahren ein Dickicht von bis zu 10 m Durchmesser. Sie können die Ausläufer aber einfach ausreißen oder ausgraben, dann bleibt der Strauch weniger als 3 m breit. Weitere Schnittmaßnahmen sind nicht nötig.
Am schönsten sieht die Strauch-Rosskastanie übrigens in Einzelstellung im lichten Schatten anderer Gehölze aus!

Mein Tipp: Die Strauch-Rosskastanie ist auch eine gute Kübelpflanze. Im Pflanzgefäß bleibt der Strauch kleiner. Stellen Sie den Kübel neben Sitzplätzen auf, um an Sommerabenden den schönen Duft zu genießen!

Steckbrief

» *Vielstämmiger Großstrauch*
» *Höhe und Breite: Bis 6 m hoch und bis 10 m breit, aber meistens kleiner.*
» *Blätter: Handförmig gefiedert, bis 20 cm lang.*
» *Blüten: Aufrecht stehende, schlanke Rispen mit zahlreichen weißen Einzelblüten.*
» *Blütezeit: Juli bis August.*
» *Standortvorlieben: Sonnig bis halbschattig. Frischer bis feuchter, tiefgründiger, nährstoffreicher Boden.*

Duftender Schneeball

Viburnum farreri

Viburnum farreri

Zu einer Jahreszeit, in der andere Blütengehölze allenfalls noch mit bunter Herbstfärbung glänzen können, zeigt der Duftende Schneeball mit seinen vanilleartig duftenden, rosaweißen Blütenbüscheln, dass es auch anders geht. Von November an öffnen sich die Blüten oft schon, wenn sich das Laub herbstlich rotviolett färbt. Sie legen nur bei strengen Frösten eine Pause ein. Die Hauptblüte beginnt im Februar bereits vor dem Laubaustrieb und hält bis Ende März an. Für Insekten auf Nektarsuche ist der Winterblüher eine geschätzte Adresse. Der Blütenduft breitet sich wie eine Wolke aus. Am besten pflanzen Sie den Strauch so, dass Sie im Vorübergehen eine Prise Duft mitnehmen können. Der ungewöhnliche Strauch verträgt Hitze gut, ist frosthart, langsam wachsend und pflegeleicht. Einen regelmäßigen Schnitt braucht er nicht, aber alle paar Jahre sollten Sie einige ältere Triebe nach der Blüte bodeneben herausschneiden. Das regt das Wachstum junger, kräftiger Triebe an. Der Duftende Schneeball ist übrigens ein Elternteil von Bodnant-Schneeball (*Viburnum × bodnantense*), der ebenfalls im Winter zu blühen beginnt und ähnlich verwendet werden kann. Seine Blütenknospen sind dunkler rosafarben und er wächst etwas stärker. Aber seine Blüten haben denselben wundervollen Duft.

Mein Tipp: Ältere Exemplare treiben zwar Wurzelausläufer. Wenn Sie den Strauch als Heckenpflanze verwenden, ist dies aber durchaus von Vorteil. Überzählige Ausläufer reißen Sie einfach aus.

Steckbrief

- *Normalstrauch*
- *Höhe und Breite: 2–3 m hoch und 2 m breit.*
- *Blätter: Elliptisch, mittelgrün, bis 10 cm lang.*
- *Blüten: Kleine Rispen mit rosaweißen, 1 cm langen, duftenden Blüten.*
- *Blütezeit: Ab November mit Unterbrechungen bis April.*
- *Standortvorlieben: Sonnig bis halbschattig. Frischer bis feuchter, durchlässiger Boden.*

Italienische Waldrebe

Clematis viticella

Die Italienische Waldrebe ist schlank, schön und so anmutig wie eine Diva. Aber sie ist eine unkomplizierte, pflegeleichte Kletterpflanze ganz ohne Star-Allüren. Zu Rosen ist sie eine hervorragende Ergänzung, zumal die Blütezeiten dieser beiden Gartenschätze perfekt harmonieren. Gegen die gefürchtete Clematis-Welke, eine üble Pilzkrankheit, sind die Italienischen Waldreben und ihre Kreuzungen (Hybriden) weitgehend resistent. Damit die Ranken ihren Weg nach oben ins Licht finden, brauchen sie eine Stütze. Entweder Sie lassen die Triebe an Strauch- oder Kletterrosen emporranken oder Sie geben ihnen Halt in Form eines Spaliers. Nach der Hauptblüte im Juni erscheinen bis in den September hinein immer wieder neue Blüten. Schneiden Sie die Ranken im zeitigen Frühjahr auf etwa 30 cm über dem Boden zurück. Die Berg-Waldrebe (*Clematis montana*) ist eine starkwüchsige Verwandte, die nur einmal im Frühjahr überreich blüht und mehr als 10 m in die Höhe klettert. Sie eignet sich für die Fassadenbegrünung oder um an einem Zaun entlangzuwachsen, aber nicht als Rosenbegleiterin.

Clematis viticella 'Rouge Cardinal'

Mein Tipp: Ich habe mit Italienischen Waldreben über viele Jahre die besten Erfahrungen gemacht, weil sie sehr unkompliziert sind und reich blühen. Eine wirklich gute Wahl für Anfänger!

Sorten

- 'Alba Luxurians': Opalweiß, an den Spitzen grün gefleckt.
- 'Etoile Voilette': Samtig blauviolett bis rötlich-purpurn.
- 'Madame Julia Correvon': Tief weinrot.

Steckbrief

» *Rankende Kletterpflanze*
» *Höhe und Breite: Bis 4 m hoch und bis 1,5 m breit.*
» *Blätter: Doppelt gefiedert, mattgrün, bis 12 cm lang.*
» *Blüten: Breit glockig bis schalenförmig, 3–6 cm breit in Blau, Purpur, Rot oder Weiß.*
» *Blütezeit: Juni bis September.*
» *Standortvorlieben: Sonnig bis halbschattig. Frischer bis feuchter, durchlässiger, neutraler bis kalkhaltiger Boden.*

Schattiger Standort, normaler bis trockener Boden

SCHATTEN-SCHÖNHEITEN MIT CHARME

Trockener Schatten im Garten ist eine echte Herausforderung, die aber mit den richtigen Pflanzen gut zu meistern ist. Solche Standorte finden sich oft unter Nadelgehölzen, Dachtraufen, Balkonen oder überall dort, wo wenig Regen hinkommt oder große Gehölze das Wasser im Boden wegtrinken. Auf Blüten brauchen Sie hier aber nicht zu verzichten: Von Frühjahrsblühern wie Schneeglöckchen und Alpenveilchen über Wald- Geißbart im Sommer bis zu Wild-Astern im Herbst gibt es reichlich Auswahl an geeigneten Arten!

Vorfrühlings-Alpenveilchen

Cyclamen coum

Cyclamen coum

Viele kennen das Alpenveilchen als etwas biedere Topfpflanze von Omas Fensterbank. Doch es gibt auch Wildformen, die an geeigneten Standorten im Garten verwildern können, wie zum Beispiel das Vorfrühlings-Alpenveilchen. Die aparten Blüten erscheinen gleichzeitig mit den Blättern, oft schon im Februar. Im Sommer ziehen die Pflanzen ihre Blätter ein. Alpenveilchen passen gut in Steingärten, aber auch unter Gehölze. Am besten pflanzen Sie gleich ganz viele Exemplare, denn in Massen wirken sie am schönsten. Es gibt auch eine weiße Sorte der Art namens 'Album'. Andere, ähnlich aussehende Wildarten des Alpenveilchens blühen im Spätsommer und Herbst. So etwa das Herbst-Alpenveilchen (*Cyclamen hederifolium*), das von August bis Oktober seine Blüten öffnet. Die Blätter dieser Art erscheinen mit oder nach der Blüte.
Ab September blüht das Anatolien-Alpenveilchen (*C. cilicium*). Dessen Blätter erscheinen vor oder mit den Blüten. Alle wilden Alpenveilchen vermehren sich bereitwillig durch Aussaat. Die zunächst winzigen Sämlinge brauchen allerdings einige Jahre ungestörtes Wachstum, bis sie zur Blüte kommen. Ansonsten gilt für wilde Alpenveilchen: Einmal pflanzen, kein Gießen, kein Düngen, kein Schneiden, aber sich viele, viele Jahre daran erfreuen!

Mein Tipp: Pflanzen Sie die Knollen von Alpenveilchen im Spätsommer, Herbst oder Frühjahr etwa 3–5 cm tief.

Steckbrief

- *Kleine Knollenpflanze*
- *Höhe und Breite: Bis 5 cm hoch (Blütenstiele bis 10 cm), 10–15 cm breit.*
- *Blätter: Herzförmig, glänzend dunkelgrün, unterseits purpurn, bis 6 cm lang.*
- *Blüten: Nickende, 1,5 cm lange, purpurrosafarbene Blüten an drahtigen Stängeln.*
- *Blütezeit: Februar bis April.*
- *Standortvorlieben: Sonnig bis schattig. Durchlässiger, mäßig nährstoffreicher, eher trockener, kalkhaltiger Boden.*

Wild-Aster, Ageratum-Aster

Aster trinervius subsp. *ageratoides*

Wo andere Astern versagen, blüht die Wild-Aster problemlos, und das über einen Zeitraum von mehreren Wochen. Was den Standort angeht, ist diese Art wirklich nicht wählerisch. Sie wächst an relativ schattigen Standorten in trockenen Böden, aber auch in der Sonne und in feuchteren Böden und bildet nach allen Seiten unterirdische Ausläufer. Auf diese Weise breitet sie sich rasch aus. Pflanzen Sie diese Aster deshalb nicht zu nahe neben andere Stauden, das könnte zu Nachbarschaftskonflikten im Staudenbeet führen! Der Ausbreitungsdrang der Pflanze ist jedoch auch ein Pluspunkt: Sie schafft es, in kurzer Zeit größere Beete zu füllen. Gut eignet sich dieser Herbstblüher auch für Steppenpflanzungen und als Unterpflanzung von lichten Gehölzen. Als Schnittblume ist er weniger gut geeignet, weil die einzelnen Blüten einer Dolde nacheinander aufblühen. Einige sind immer schon welk, während andere noch nicht aufgeblüht sind. Ihrer schönen Fernwirkung im Garten tut dies jedoch keinen Abbruch. In meinem Garten ist diese sehr spät und lange blühende Aster meist die letzte Nektarquelle für hungrige Insekten und blüht oft bis Anfang November beziehungsweise bis zum ersten Frost.

Sorten

- 'Ashvi': Weiße Blütenköpfe, 60–70 cm hoch.
- 'Asran': Hell violettrosafarbene Blütenköpfe, 70–100 cm hoch.
- 'Ezo Murasaki': Dunkelviolette Blütenköpfe, bis 60 cm hoch.

Aster trinervius subsp. *ageratoides*

Mein Tipp: Verwenden Sie diese Aster mit großem Ausbreitungsdrang am besten für großflächige, pflegeleichte Pflanzungen.

Steckbrief

- » *Mittelhohe Staude.*
- » *Höhe und Breite: 60–100 cm hoch und breit.*
- » *Blätter: Oval, gebuchtet, bis 7 cm lang.*
- » *Blüten: Doldenrispen mit 4 cm breiten, hellvioletten Körbchenblüten mit gelber Mitte.*
- » *Blütezeit: September bis Oktober.*
- » *Standortvorlieben: Sonnig bis schattig. Durchlässiger, auch trockener Boden.*

Bergenien-Hybriden

Bergenia-Cultivars

Meistens werden Bergenien kaum wahrgenommen und gelten eher als Begleitgrün. Wenn sich dann aber im Frühjahr die Stängel in die Höhe strecken und sich je nach Sorte rosafarbene, purpurne oder weiße Blüten öffnen, sind sie plötzlich ein echter Blickfang. Als anspruchslose Allrounder wachsen sie fast überall problemlos, sogar in ziemlich trockenen Böden im Schatten. Durch ihre fleischigen Rhizome und ledrigen Blätter überstehen sie sommerliche Trockenperioden bestens. Reizvoll sehen sie in Verbindung mit Steinen oder Felsbrockenaus. Sie passen auch gut in Tröge und eignen sich wunderbar als Einfassungspflanze. Bei manchen Hybriden färben sich die Blätter im Winterhalbjahr rötlich. Die Pflanzen sind äußerst pflegeleicht, robust und langlebig. Strenge Fröste können die Blätter zwar schädigen, die Pflanzen treiben aber wieder neu aus. Ältere Exemplare bilden mit ihren Rhizomen oft wirre Knäuel. Dann sollten Sie die Pflanze nach der Blüte ausgraben, teilen und nur die Rhizomstücke wieder einpflanzen, die gesunde Blätter haben. In der Regel wachsen selbst wenig bewurzelte Teilstücke gut an!

Bergenia-Hybride 'Eroica'

Steckbrief

- » *Wintergrüne Blattschmuckstaude*
- » *Höhe und Breite: Je nach Sorte bis 45 cm hoch und breit.*
- » *Blätter: Rundlich bis oval, ledrig, glänzend dunkelgrün, 20–30 cm lang.*
- » *Blüten: Trugdolden an kräftigen Stängeln mit glockigen, 2–3 cm großen Blüten.*
- » *Blütezeit: April bis Mai.*
- » *Standortvorlieben: Sonnig bis schattig. Alle Bodenarten bis auf nasse, tonige Böden.*

Sorten

- 'Abendglocken': Dunkelrot, Laubfärbung im Winter rot.
- 'Biedermeier': Weiß mit Rosa, im Winter dunkles Laub.
- 'Herbstblüte': Dunkelrosa, im Herbst nachblühend.
- 'Rosi Klose': Pinkfarben, kompakte Pflanzen, schöne Herbstfärbung des Laubs.
- 'Schneeglocke': Weiß, großblumig.

Mein Tipp: Sorten mit längeren Blattstielen bieten gutes Schnittgrün für Sträuße.

Elfenblume, Sockenblume

Epimedium-Cultivars

Ihren Namen tragen Elfenblumen zu Recht, denn die zierlichen Blüten wippen bei jedem Windstoß wie kleine Fabelwesen an den drahtigen Stängeln über dem Laub. Es gibt viele Arten und Sorten dieser Gattung. Einige haben immergrünes Laub, andere sind laubabwerfend. Die meisten Elfenblumen bilden kurze Ausläufer. Auf diese Weise entstehen mit den Jahren breite, dichte und sehr pflegeleichte Teppiche. Als typische Waldbewohner kommen Elfenblumen mit dem Wurzeldruck von Laubgehölzen gut zurecht. Setzen Sie die kleinen Pflanzen also dementsprechend im Garten ein: Als Unterpflanzung von Laubgehölzen und am Gehölzrand. Die unten vorgestellten Kreuzungen (Hybriden) kommen gut mit trockenen, schattigen Standorten zurecht. Nach dem Pflanzen brauchen Sie sich eigentlich nicht mehr um sie zu kümmern. Sie wachsen jahrelang einfach vor sich hin, bilden munter Ausläufer und blühen jedes Frühjahr zuverlässig. Krankheiten oder Schädlinge kennen sie nicht, sogar Nacktschnecken verschmähen das harte Laub.

Sorten

- *E.* × *cantabrigiense*: Rötliche Blüten mit gelbem Rand, immergrün.
- *E.* × *perralchicum*: Leuchtend gelbe Blüten mit braunem Sporn, immergrün.
- *E.* × *rubrum*: Rote Blüten mit hellgelbem Inneren, laubabwerfend.
- *E.* × *versicolor*: Hellgelbe bis rosafarbene Blüten, meist immergrün.
- *E.* × *warleyense*: Orangefarbene Blüten, immergrün.

Epimedium × rubrum

Mein Tipp: Damit die Blüten besser zur Geltung kommen, schneide ich das alte Laub vor dem Neuaustrieb im Frühjahr zurück.

Steckbrief

- » *Bodendeckerstaude*
- » *Höhe und Breite: 35–40 cm hoch und breit.*
- » *Blätter: Ei- bis herzförmig, spitz zulaufend, 5–15 cm lang.*
- » *Blüten: Lockere Trauben mit 2 cm breiten Blüten in verschiedenen Farben.*
- » *Blütezeit: April bis Mai.*
- » *Standortvorlieben: Halbschattig bis schattig. Mäßig trockener, nährstoffreicher, durchlässiger Boden.*

WALD-GEIßBART

Aruncus dioicus

Aruncus dioicus

Wo sonst fast nichts mehr wächst, macht der Wald-Geißbart immer noch eine gute Figur. Selbst in dunklen, trockenen Bereichen unter Gehölzen oder an Nordseiten von Mauern gedeiht die einheimische Wildstaude problemlos. In feuchteren Böden wächst die Pflanze höher, in trockeneren bleibt sie niedriger. In jedem Fall zaubern die lockeren Blütenstände mit ihren rahmweißen, fedrigen Blüten Licht in die dunkelsten Gartenecken. Die langlebige Pflanze ist fast ganzjährig attraktiv. Schon der bronzefarbene Laubaustrieb im Frühjahr ist ein Blickfang und im Herbst tönt sich das Laub goldgelb. Krankheiten und Schädlinge kennt die pflegeleichte Pflanze nicht und Nacktschnecken finden sie uninteressant. Dafür locken die Blüten aber Nektar sammelnde Bienen, Fliegen, Käfer und Hummeln an. Wundern Sie sich bitte nicht, wenn die Pflanzen plötzlich unterschiedliche Blütenstände zeigen: Wald-Geißbart ist zweihäusig, das heißt, es gibt männliche und weibliche Pflanzen. Die männlichen Blüten sind anfangs auffälliger, werden dann aber rasch braun und vertrocknen.
Die weiblichen Blüten vergrünen nach dem Abblühen und bilden Fruchtstände. Dies aber nur, wenn Pflanzen beider Geschlechter im Garten vorhanden sind.

Sorten

- 'Kneiffii': Historische Sorte mit geschlitztem Laub, nur 70 cm hoch.
- 'Whirlwind': Ähnlich wie 'Kneifii', aber langlebiger, robuster und standfester.

Mein Tipp: Ich schneide die Blüten von weiblichen Pflanzen rechtzeitig vor der Samenreife ab. So verhindere ich eine Invasion von Sämlingen im Garten.

Steckbrief

- » *Hohe Blütenstaude*
- » *Höhe und Breite: 100–180 cm hoch und 100 cm breit.*
- » *Blätter: Gefiedert, hellgrün, 10–15 cm lang.*
- » *Blüten: Große Rispen mit kleinen, rahmweißen Blüten.*
- » *Blütezeit: Juni bis Juli.*
- » *Standortvorlieben: Halbschattig bis schattig. Mäßig feuchter bis trockener, nährstoffreicher Boden.*

Gewöhnliches Maiglöckchen

Convallaria majalis

Steckbrief

» *Kleine Rhizomstaude*
» *Höhe und Breite: 20 cm hoch und unbegrenzt breit.*
» *Blätter: Spitz-oval, hellgrün, bis 20 cm lang.*
» *Blüten: Gestielte, gebogene Trauben mit hängenden, kleinen, weißen Glöckchenblüten.*
» *Blütezeit: Mai.*
» *Standortvorlieben: Halbschattig bis schattig. Humoser, nährstoffreicher, durchlässiger, eher trockener Boden.*

Maiglöckchen dürfen in einem romantischen Frühlingsgarten auf keinen Fall fehlen. Sie sind es sogar wert, dass man vor ihnen auf die Knie geht, um ihren lieblichen Duft zu erschnuppern. Die Blätter bilden im Frühjahr einen ordentlich aussehenden Teppich. Allerdings hat die so harmlos aussehende Staude einen mächtigen Ausbreitungsdrang. An passenden Standorten ist das durchaus von Vorteil. Mit ihren unterirdischen Rhizomen wandert sie munter durch den Garten und ist dabei denkbar pflegeleicht und langlebig. Wenn die Rhizome aber in die Horste benachbarter Stauden eingewachsen sind, werden Maiglöckchen lästig. Deshalb sollten Sie den Standort gut überlegt auswählen. Außerdem ist die Pflanze in allen Teilen sehr giftig. Immer wieder wird davor gewarnt, die Blätter des Maiglöckchens mit den ähnlich aussehenden des Bär-Lauchs (*Allium ursinum*) zu verwechseln. Dieser wird im Frühjahr gern als Vitaminquelle in der Natur gesammelt. Man kann die Blätter der beiden Arten aber ganz einfach unterscheiden: Beim Zerreiben riechen die des Bär-Lauchs intensiv nach Knoblauch. Die des Maiglöckchens haben keine Spur von Knoblauchduft. Es gibt übrigens auch eine zartrosa blühende Sorte des Maiglöckchens ('Rosea') und eine mit gelb gestreiftem Laub ('Striata').

Mein Tipp: Maiglöckchen wachsen auch gut unter Gehölzen und können daher als Unterpflanzung verwendet werden. Dann dürfen sie wuchern, so viel sie wollen!

Convallaria majalis

Nieswurz-Hybriden

Helleborus-Cultivars

Helleborus-Hybride

Bei den hier vorgestellten Nieswurz-Hybriden handelt es sich um Kreuzungen der Orientalischen Nieswurz (*Helleborus orientalis*) mit verwandten Arten. Die schönen Frühjahrsblüher sind robuste und pflegeleichte Stauden für Gehölzsäume und Standorte unter lichten Bäumen und Sträuchern. Wenn Sie darauf achten, dass der Boden kalkhaltig und zumindest im Frühjahr nicht knochentrocken ist, werden Sie viel Freude an den Pflanzen haben. Ich kombiniere sie gern mit frühjahrsblühenden Zwiebelpflanzen wie Schneeglöckchen (*Galanthus*). Haben sie einmal Fuß gefasst, sind Nieswurz-Hybriden sehr nachhaltig. Denn die Pflanzen werden ziemlich alt und vermehren sich durch Selbstaussaat reichlich. Hybriden sind Kreuzungen. Die Sämlinge fallen daher ganz unterschiedlich aus und ihre Blüten variieren. Aber wenn Sie Überraschungen lieben, dann ist es immer wieder spannend, wie die Sämlinge nach einigen Jahren schließlich blühen. Nieswurze sind auch gute Schnittblumen, die lange in der Vase halten. Im Gegensatz zur nahe verwandten, bei Nacktschnecken äußerst beliebten Christrose (*Helleborus niger*) brauchen Sie bei den Lenzrosen-Hybriden keinen Schneckenfraß zu befürchten.

Steckbrief

» *Kleine Staude*
» *Höhe und Breite: Bis 45 cm hoch und breit.*
» *Blätter: Handförmig geteilt, ledrig, bis 40 cm lang.*
» *Blüten: Schalenförmig, 5–8 cm breit, in Weiß, Rosa, Gelb oder Purpur.*
» *Blütezeit: Februar bis April.*
» *Standortvorlieben: Halbschattig. Humoser, durchlässiger, kalkhaltiger, auch trockener Boden.*

Sorten

- 'Apple Blossom': Hellrosa, dunkel gezeichnet.
- 'Blue Metallic Lady': Metallisch purpurbläulich.
- 'Pink Lady': Rosa Töne.
- 'The Sultan': Dunkel purpurrot.
- 'White Lady': Weiß.

Mein Tipp: Das Laub von Nieswurz-Hybriden wird im Frühjahr oft unansehnlich. Ich entferne es dann einfach. Die Pflanzen treiben später wieder neu aus.

Kleines Schneeglöckchen

Galanthus nivalis

Manche Schneeglöckchen-Sammler zahlen tatsächlich Unsummen für rare Sorten wie 'Lady Elphinstone' oder 'E. A. Bowles'. Solche Menschen werden auch „Galantophile" genannt, nach dem botanischen Namen der charmanten Pflanze. Die Urform der einheimischen Zwiebelpflanze ist meiner Meinung nach ebenso zauberhaft, aber deutlich preiswerter als die erlesenen Sorten. Die kleinen Frühjahrsboten sind mit die ersten Pflanzen, die im Spätwinter für nektarsuchende Insekten ihre Blüten öffnen. Frost und Schnee machen Schneeglöckchen nichts aus. Sie blühen munter weiter, wenn die Temperaturen wieder steigen. Am Rand von Rabatten und unter Gehölzen, im Steingarten sowie verwildert im Rasen wirken sie am schönsten. Die Urform ist am weitesten verbreitet, gefolgt von der gefüllt blühenden Sorte 'Flore Pleno'. Es gibt aber auch einige weitere Arten. Das Großblütige Schneeglöckchen (*Galanthus elwesii*) ist dem Kleinen Schneeglöckchen ähnlich, aber insgesamt etwas größer. Die Zwiebeln der Schneeglöckchen werden am besten gleich nach dem Erwerb zwischen September und November etwa 5 cm tief gepflanzt, da sie rasch austrocknen und dann nicht mehr anwachsen. Später brauchen die Pflanzen keine weitere Pflege.

Mein Tipp: Teilen und verpflanzen Sie Schneeglöckchen-Horste am besten gleich nach der Blütezeit, wenn sie noch grünes Laub haben. Dann wurzeln sie mit Sicherheit an. Und lassen Sie das Laub unbedingt in Ruhe verwelken, bevor Sie es entfernen!

Steckbrief

- *Kleine Zwiebelpflanze*
- *Höhe und Breite: Bis 15 cm hoch und 3 cm breit.*
- *Blätter: Schmal riemenförmig, blaugrün, bis 15 cm lang.*
- *Blüten: Etwa 1,5 cm lange, nickende, rahmweiße Glöckchenblüten.*
- *Blütezeit: Ende Januar bis März.*
- *Standortvorlieben: Halbschattig bis schattig. Gut durchlässiger, humoser, nährstoffreicher Boden.*

Galanthus nivalis

Felsen-Storchschnabel

Geranium macrorrhizum

Steckbrief

» *Wintergrüner Bodendecker*
» *Höhe und Breite: Bis 50 cm hoch und breit.*
» *Blätter: Rundlich, gelappt, klebrig, aromatisch, 10–20 cm lang.*
» *Blüten: Doldenartige Büschel mit rosafarbenen bis weißen, 2,5 cm breiten Blüten.*
» *Blütezeit: Mai bis Juli.*
» *Standortvorlieben: Sonnig bis halbschattig oder schattig. Mäßig feuchter, lehmig-humoser, mäßig nährstoffreicher Boden.*

Dieser Storchschnabel ist ein zuverlässiger, wintergrüner Bodendecker, der selbst in schattigen Gartenbereichen nicht versagt. Geradezu ideal ist diese pflegeleichte Staude, wenn Sie einen Bodendecker unter lichten Gehölzen brauchen. Die anpassungsfähige, starkwüchsige Staude breitet sich durch Ausläufer rasch aus und bildet dicht geschlossene Teppiche. Das gelappte Laub sieht dabei sehr dekorativ aus. In einer von Felsen-Storchschnabel bewachsenen Fläche hat Unkraut so gut wie keine Chance. Die Pflanze hat nur einen kleinen Nachteil: Ihr Laub „duftet" sehr intensiv, selbst wenn es nicht berührt wird. Dafür sehen die Blüten sehr hübsch aus. Sie erscheinen zuverlässig und zahlreich. Insekten auf Nektarsuche steuern sie zielsicher an, während Nacktschnecken bei der Pflanze eher auf Abstand gehen. Wenn das Laub in sehr heißen, trockenen Sommern braun wird, ist das kein Drama. Die Pflanze treibt aus den rhizomartigen Wurzeln meist wieder gut aus.

Sorten

- 'Bevan': Karminrosafarbene Blüten, orangegelbes Herbstlaub.
- 'Czakor': Magentarote Blüten, gelbes Herbstlaub.
- 'Ingwersen's Variety': Violettrosafarbene Blüten, gelbliches bis rotes Herbstlaub.
- 'Spessart': Weiße Blüten mit rosafarbener Mitte, rötliches Herbstlaub.
- 'White Ness': Reinweiße Blüten, zierlicher Wuchs.

Mein Tipp: Pflanzen Sie Felsen-Storchschnabel nicht in die Nähe von Sitzplätzen, wenn Sie etwas empfindlich auf den Duft der Pflanze reagieren!

Geranium macrorrhizum

Dreiblättrige Waldsteinie

Waldsteinia ternata

Die auf den ersten Blick eher unscheinbare Staude hat bemerkenswerte Eigenschaften: Sie ist immergrün und wächst und blüht an Standorten, an denen die meisten anderen Gartenpflanzen die Segel streichen. Kein Plätzchen im Garten scheint der Waldsteinie zu schattig oder zu trocken zu sein. Und sie ist dank ihrer Ausläufer enorm ausbreitungsfreudig. Schon wenige Exemplare schaffen es, größere Flächen rasch zu begrünen. Noch dazu bringt die Pflanze im Frühjahr – und dank der Nachblüte oft auch bis in den Herbst hinein – hübsche goldgelbe Blüten hervor. Insekten fliegen darauf! Die Blüten erinnern an Erdbeerblüten, aber sie glänzen in goldgelb. Das hat der Pflanze auch den Trivialnamen Golderdbeere eingebracht. Erwarten Sie aber bitte keine leckeren Früchte! Denn die im Sommer erscheinenden roten Beeren sind leider ungenießbar. Eine gute Wahl ist die absolut pflegeleichte Waldsteinie, wenn Sie Schattenbeete im Garten dauerhaft begrünen möchten. Auch im Wurzelbereich von Gehölzen versagt die Pflanze nicht. Im Herbst und Winter färben sich die Blätter oft bronzefarben. Für einen dichten Teppich brauchen Sie etwa 16 Pflanzen pro Quadratmeter. Dann wächst auch ganz bestimmt kein Unkraut durch die Pflanzendecke und Sie müssen sich um dieses Stück Garten garantiert viele Jahre nicht mehr kümmern.

Mein Tipp: Waldsteinien gedeihen auch in der Sonne. Aber nur, wenn der Boden während des ganzen Jahres gleichmäßig feucht bleibt.

Waldsteinia ternata

Steckbrief

- *Wintergrüner Bodendecker*
- *Höhe und Breite: Bis 10 cm hoch und 60 cm breit.*
- *Blätter: Dreiteilig, am Rand gesägt, mittelgrün, bis 10 cm lang.*
- *Blüten: Lockere Rispen mit schalenförmigen, 1,5–2 cm breiten, gelben Blüten.*
- *Blütezeit: Mai bis Juni.*
- *Standortvorlieben: Halbschattig bis schattig. Mäßig feuchter bis trockener, fruchtbarer Boden.*

Aucuba japonica 'Variegata'

Japanische Aukube

Aucuba japonica

Mit ihren großen, immergrünen, glänzenden Blättern setzt die Aukube ganzjährig Akzente im Garten. Meistens wird die buntlaubige Sorte 'Variegata' gepflanzt. Deren dunkelgrüne Blätter sind dekorativ mit ungleich großen, gelben Flecken gesprenkelt. Spötter sagen, dass es so aussieht, als wäre die Pflanze mit Farbe bespritzt worden. Ich finde aber, dass gerade die gelben Flecken der Pflanze das gewisse Etwas verleihen. Diese Sorte hat nicht nur besonders schönes Laub, sie ist auch winterhärter als die Urform.

Steckbrief

- *Immergrüner Strauch*
- *Höhe und Breite: 2–2,5 m hoch und bis 2 m breit.*
- *Blätter: Elliptisch, derb ledrig, dunkelgrün, 15–20 cm lang.*
- *Blüten: Zweihäusig, unauffällig und klein, rotbraun.*
- *Blütezeit: März/April.*
- *Standortvorlieben: Halbschattig bis schattig. Mäßig trockener bis frischer, humoser Boden.*

Generell gilt die schmucke Blattpflanze zwar als ausreichend winterhart, aber in rauen und exponierten Lagen können die Blätter und die jungen Triebe durch Frost geschädigt werden. Am gefährlichsten ist, wie bei allen immergrünen Gewächsen, die Kombination von längeren Frostperioden und Wintersonne. Pflanzen Sie Aukuben am besten unter dem Kronendach großer Laubgehölze. Dort bekommen sie den notwendigen Schutz vor praller Sonne. Mit dem Wurzeldruck der größeren Nachbarn kommen sie gut zurecht. Die Sträucher sind an geschützten Standorten sehr pflegeleicht, aber Jungpflanzen sollten im ersten Jahr einen leichten Winterschutz erhalten. Grundsätzlich brauchen Aukuben keinen Schnitt. Dennoch sind sie gut schnittverträglich. Setzen Sie die Schere, falls nötig, im Frühjahr an.

Mein Tipp: Manchmal erscheinen im Herbst zunächst rote, später dunkle, kirschenähnliche Früchte. Die sollten Sie auf keinen Fall naschen, denn sie sind, wie alle anderen Pflanzenteile auch, giftig!

Gewöhnlicher Efeu

Hedera helix

Alle kennen den einheimischen Efeu, einen immergrünen Klettermaxen, der anspruchslos selbst im tiefen Schatten munter vor sich hinwächst. Die im Herbst an kugeligen Dolden stehenden, kleinen, gelbgrünen Blüten sind reich an Nektar. Das freut die Insekten zu dieser an Blüten armen Jahreszeit. Oft besuchen Admiral-Falter die „letzte Nektar-Tankstelle vor den Alpen“ auf ihrem Zug nach Süden, wo sie überwintern. Die kugelrunden, blauschwarzen, für Menschen giftigen Früchte reifen im Winter und sind bei Vögeln als Futter beliebt. Das dekorative Laub ist in Form und Größe sehr variabel. Es gibt nicht nur die Art mit dunkelgrünen Blättern, sondern auch dekorative Sorten mit weiß oder gelb gezeichnetem (panaschiertem) Laub. Diese sind zur optischen Aufhellung in dunklen Gartenbereichen sehr wertvoll. Bei einigen Sorten färbt sich das Laub in kalten Wintern rotbraun, etwa bei der starkwüchsigen Sorte ‘Woerner’.

Hedera helix

Andere Sorten sind deutlich schwachwüchsiger. Diese eignen sich daher auch für Balkone und Töpfe oder für den „letzten Garten“, die Grabbepflanzung.
Erfreulich für Pflegemuffel: Die Pflanze braucht keine Düngung, keine Bewässerung in Trockenperioden und keinen Rückschnitt. Efeu wächst einfach immer und fast überall. Sollte ein Rückschnitt dennoch nötig sein, kann dieser jederzeit erfolgen.

Mein Tipp: Fassaden, an denen Efeu emporranken soll, müssen intakt und ohne Risse sein, damit die Haftwurzeln der Pflanze keine Schäden verursachen.

Steckbrief

- *Immergrüne Kletterpflanze*
- *Höhe und Breite: 10–20 m hoch und breit.*
- *Blätter: Dunkelgrün, ledrig, drei- bis fünflappig.*
- *Blüten: Gelbgrüne, kugelförmige, 3 cm breite Dolden.*
- *Blütezeit: September/Oktober.*
- *Standortvorlieben: Sonnig bis schattig. Mäßig trockener, nährstoffreicher, durchlässiger Boden.*

Kirschlorbeer, Lorbeer-Kirsche

Prunus laurocerasus

Ganz ehrlich: Es gibt elegantere Gartengehölze mit mehr Charme. Aber wo andere Gehölze versagen, macht der immergrüne Kirschlorbeer, auch Lorbeer-Kirsche genannt, immer noch eine gute Figur. Gut schnittverträglich ist er obendrein. Nur strenge Fröste können ihm etwas zusetzen. Grundsätzlich ist Kirschlorbeer aus ökologischen Gründen umstritten. Aber bevor Sie sich mit schottergefüllten Gabionen von der Außenwelt abgrenzen, pflanzen sie lieber eine Hecke aus Kirschlorbeer. Damit tun Sie immerhin etwas fürs Stadtklima und die Blüten machen Insekten glücklich. Die kugelrunden, schwarzen Früchte sind ziemlich giftig, ebenso alle anderen Pflanzenteile. Also Finger weg und Vorsicht, wenn Kinder im Garten sind! Es gibt zahlreiche Sorten mit unterschiedlichen Wuchsformen, sogar flach ausgebreitet wachsende. Letztere eignen sich gut für eine pflegeleichte Hangbegrünung oder die Grabbepflanzung.

Steckbrief

- *Immergrüner Normalstrauch*
- *Höhe und Breite: 2–6 m hoch und breit.*
- *Blätter: Oval, dunkelgrün, glänzend, 5–15 cm lang.*
- *Blüten: Vielblumige, 8–12 cm lange Trauben mit weißen, herb riechenden Blüten.*
- *Blütezeit: Mai/Juni, manchmal eine Nachblüte im Herbst.*
- *Standortvorlieben: Sonnig bis schattig. Mäßig trockene bis feuchte, durchlässige, nährstoffreiche Böden.*

Sorten

- 'Mount Vernon': Flach ausgebreitet, langsamwüchsig, 0,3 m hoch und 1,5 m breit.
- 'Otto Luyken': Breit ausladend bis halbrund, bis 1,5 m hoch und 2–3 m breit.
- 'Schipkaensis Macrophylla': Breit aufrecht, reich blühend, starkwüchsig, bis 2,5 m hoch und breit.

Mein Tipp: Säbeln Sie bei Hecken aus Kirschlorbeer bitte nicht mit der elektrischen Heckenschere drauflos! Zerteilte Blätter bekommen braune Ränder und sehen für den Rest der saison unschön aus. Nehmen Sie besser eine Handschere und schneiden Sie einzelne Triebe aus.

Prunus laurocerasus

Gewöhnlicher Liguster

Ligustrum vulgare

Der locker aufrecht wachsende, einheimische Liguster wird oft als Heckenpflanze verwendet. Als Schnitthecke funktioniert er zwar perfekt, aber dann wirkt er auf mich etwas bieder und langweilig. In strenge Kastenform getrimmt kommt er zudem nur selten zur Blüte. Als frei wachsende oder nur locker geschnittene Hecke oder als einzeln stehender Großstrauch sieht er viel schöner aus. Vögel trauen sich dann auch, ihre Nester darin zu bauen. Die etwas streng riechenden Blüten erscheinen an den Zweigspitzen. Sie sind nicht nur eine Zierde, sondern auch eine beliebte Insektenweide. Im Herbst folgen auf die Blüten kleine kugelrunde, glänzend schwarze Beeren. Die sind schwach giftig und verbleiben oft bis zum Frühjahr an den Zweigen. Auch die Blätter haften relativ lange, bevor sie zum Winteranfang schließlich doch abgeworfen werden. In milden Wintern ist die Pflanze wintergrün und tauscht ihr Laub erst im Frühjahr aus. Liguster ist anspruchslos, anpassungsfähig und wächst auf nahezu allen Böden, auch wenn sie ziemlich trocken sind. Er verträgt zudem pralle Sonne sowie Schatten, Hitze, Frost, Wind und jeden auch noch so unprofessionellen Schnitt.

Sorten

- 'Atrovirens': Besonders lange haftende Blätter, langsam wachsend, 3–4 m hoch und breit.
- 'Lodense': Zwergform, sehr langsam wachsend, bis 70 cm hoch und breit.

Ligustrum vulgare

Mein Tipp: Liguster wächst auch als kleines Formschnittgehölz im Kübel prima. Das ist eine gute Alternative zu Buchsbaum, der zunehmend durch Schädlinge und Krankheiten bedroht ist.

Steckbrief

- *Großstrauch*
- *Höhe und Breite: 2–5 m hoch und 2,5 m breit.*
- *Blätter: Länglich-eiförmig, dunkelgrün, 3–6 cm lang.*
- *Blüten: Endständige, 5–8 cm lange Rispen mit kleinen, weißen Blüten.*
- *Blütezeit: Juni/Juli.*
- *Standortvorlieben: Sonnig bis schattig. Mäßig trockener bis feuchter, durchlässiger Boden.*

Schattiger Standort, feuchter Boden

WILLKOMMEN IM DSCHUNGEL

Dunkle, feuchte Gartenecken finden sich oft in Stadtgärten, Innenhöfen oder Gebäudenischen, also meist dort, wo Mauern tiefe Schatten werfen. Sie sind weniger problematisch als Sie glauben. Sogar bunte Blütenpracht ist hier nicht ganz ausgeschlossen, auch wenn sie nicht so üppig ausfällt wie an sonnigen oder halbschattigen Standorten. Aber Prachtspieren, Wald-Storchschnabel oder die lilienartigen Blüten der Funkien sorgen dafür, dass hier außer Moos und Farn noch der eine oder andere schöne Blickfang wächst.

Garten-Astilbe

Astilbe × arendsii

Es ist immer eine Herausforderung, Farbakzente mit Fernwirkung an schattigen Standorten zu setzen. Wie gut, dass es dafür Garten-Astilben gibt! Die Kreuzungen (Hybriden) verschiedener Astilben-Arten blühen mit fedrig-buschigen Rispen in zum Teil leuchtenden Farben. Das Spektrum reicht von reinem Weiß über Rosa- und Rottöne bis hin zu leuchtendem Lila und Purpur. Am richtigen Standort sind Garten-Astilben pflegeleicht und äußerst langlebig. Krankheiten und Schädlinge kommen so gut wie nicht vor und auf dem Speisezettel von Nacktschnecken stehen sie auch nicht. Die Sorten haben zum Teil ganz unterschiedliche Blütezeiten. Attraktive Pflanzpartner sind Funkien (*Hosta*), Farne, Silberkerzen (*Cimicifuga*), Eisenhut (*Aconitum*) oder Herbst-Anemonen (*Anemone hupehensis* var. *japonica*). Am schönsten sehen Garten-Astilben übrigens aus, wenn sie in Gruppen gepflanzt werden. Eine Astilbe allein wirkt eher wie ausgesetzt.

Astilbe × arendsii

Steckbrief

- *Hohe Prachtstaude*
- *Höhe und Breite: Je nach Sorte 70–100 cm hoch und 60–90 cm breit.*
- *Blätter: Eiförmig bis lanzettlich, gefiedert, dunkelgrün, bis 20 cm lang.*
- *Blüten: Bis 45 cm lange, lockere Rispen mit winzigen Einzelblüten.*
- *Blütezeit: Je nach Sorte Juli bis September.*
- *Standortvorlieben: Halbschattig bis schattig. Frischer bis feuchter, lehmiger, humoser, durchlässiger Boden.*

Sorten

- 'Amethyst': Lilarosafarben bis purpurn, 100 cm hoch, früh blühend.
- 'Brautschleier': Reinweiß, 70 cm hoch, früh blühend.
- 'Glut': Leuchtend Rot, 80 cm hoch, spät blühend.
- 'Grete Püngel': Hellrosa, 90 cm hoch, spät blühend.
- 'Rosenschleier': Lachsrosa, 70 cm hoch, mittlere Blütezeit.

Mein Tipp: Garten-Astilben gedeihen in lehmigen, ausreichend feuchten Böden auch an sonnigeren Standorten.
Der Boden darf nur nie austrocknen.

Große Dreizipfellilie

Trillium grandiflorum

Suchen Sie nach etwas Außergewöhnlichem für feucht-schattige Standorte in Ihrem Garten? Dann sind Sie mit dieser Pflanze bestens beraten. Die exotisch wirkende Staude hat drei große Blätter, in deren Mitte sich im Frühjahr eine große, weiße Blüte mit gelbgrünen Staubgefäßen zeigt. Obwohl die Blüten nicht duften, sind sie für Bienen und andere Insekten auf Nektarsuche anziehend. Die Pflanze braucht zum Gedeihen leicht sauren Boden, der nie austrocknen sollte. Nach der Blüte zieht sie das Laub ein. Alles in allem ist die Dreizipfellilie voll frosthart, pflegeleicht und robust. Nur während des Austriebs sollten Sie darauf achten, dass Nacktschnecken die jungen Blätter nicht anknabbern. Gut eignet sich die langlebige Staude als Unterpflanzung von Gehölzen, wo sie im Frühjahr in kleinen Gruppen einen schönen Blickfang bietet. Die hier vorgestellte Art ist die am häufigsten kultivierte Dreizipfellilie. Es gibt aber auch noch andere attraktive Arten der Gattung, etwa die Braune Dreizipfellilie (*Trillium sessile*) mit braunroten Blüten oder die Rosa Dreizipfellilie (*T. catesbaei*) mit – Sie ahnen es – rosafarbenen Blüten. Beide haben die gleichen Standortvorlieben wie die Große Dreizipfellilie und können im Garten gleich verwendet werden.

Trillium grandiflorum

Steckbrief

» *Sommergrüne Staude*
» *Höhe und Breite: 40 cm hoch und 30 cm breit.*
» *Blätter: Immer drei; eiförmig, zugespitzt, dunkelgrün, bis 30 cm lang.*
» *Blüten: Becherförmig, reinweiß, bis 8 cm lang.*
» *Blütezeit: April bis Mai.*
» *Standortvorlieben: Halbschattig bis schattig. Frischer bis feuchter, humoser, kalkarmer Boden.*

Sorten

- 'Roseum': Rosafarbene Blüten.
- 'Snow Bunting': Weiße, gefüllte Blüten.

Mein Tipp: Lassen Sie die Pflanze nach Möglichkeit ungestört wachsen. Ein Verpflanzen mag sie gar nicht!

Hosta-Hybride
'Regal Splendor'

Funkien-Hybriden

Hosta-Cultivars

Von den Funkien-Hybriden (Kreuzungen verschiedener Arten) gibt es inzwischen über 4000 verschiedene Sorten. Die kleinsten wirken wie Miniaturen und haben in der hohlen Hand Platz. Diese Zwerge werden oft in Töpfen kultiviert und an erhöhten Stellen platziert, wo sie optimal zur Geltung kommen. Großblättrige Sorten eignen sich eher zum Auspflanzen im Beet. Sie haben eine gute Fernwirkung und sind robuste, langlebige Blattschmuckstauden mit einer tollen, goldgelben Herbstfärbung. Im Sommer tragen sie als zusätzliche Attraktion wunderschöne Blüten, zum Teil sogar mit Duft. Funkien sehen sehr schön am Gehölzrand aus, bilden in fernöstlich inspirierten Gärten einen edlen Blickfang und passen gut an den Rand von Gewässern. Generell sind Funkien sehr pflegeleicht, solange ihr Boden nicht austrocknet. Sie haben nur einen kleinen Makel: Nacktschnecken haben die Blätter zum Fressen gern.

Steckbrief

» *Blüten- und Blattschmuckstaude*
» *Höhe und Breite: Je nach Sorte zwischen 20 und 80 cm hoch und breit.*
» *Blätter: Herzförmig, lang gestielt, oft zweifarbig gemustert.*
» *Blüten: Blütentrauben mit hellvioletten, lilienartigen Einzelblüten.*
» *Blütezeit: Juli bis August.*
» *Standortvorlieben: Halbschattig bis schattig. Frischer bis feuchter, nährstoffreicher, durchlässiger Boden.*

Sorten

- 'Blue Angel': Große, blaugraue Blätter, wenig schneckengefährdet, 80 cm hoch.
- 'El Nino': Blaugrau-grüne Blätter mit weißem Rand, 35 cm hoch.
- 'Fire and Ice': Mittelgroße, weiße Blätter mit grünem, gewelltem Rand, 40 cm hoch.
- 'Frances Williams': Große, graublaue Blätter mit gelbem Rand, wenig schneckengefährdet, 50 cm hoch.
- 'Regal Splendor': Dicke, graugrüne Blätter mit cremefarbenem Rand, 80 cm hoch.

Mein Tipp: Auch große Funkien-Hybriden sehen sehr schön in Pflanzgefäßen aus. Dort sind sie zudem einigermaßen sicher vor Schneckenfraß.

Goldkolben, Mongolisches Greiskraut

Ligularia przewalskii

Der botanische Name dieser Staude ist ein echter Zungenbrecher. Weit weniger kompliziert ist die Pflanze im Garten. Anspruchslos und pflegeleicht sind die Attribute, die auf das Mongolische Greiskraut zutreffen. Die hohe Staude wertet schattige Standorte durch ihre schönen Blütenstände sowie durch ihr dekoratives Laub auf. Unter Gehölzen haben Sie mit dieser Pflanze einen guten Dauerbewuchs für die Sommermonate. Mit dem Wurzeldruck von Bäumen kommt sie ganz gut klar, solange der Boden feucht genug bleibt. Am Gewässerrand sieht das Mongolische Greiskraut ebenfalls sehr stimmig aus. In Staudenbeeten ist die Pflanze mit ihren kerzenförmigen Blütenständen und dem markanten Laub im Hochsommer ein echter Blickfang. Gepaart mit anderen Stauden, wie etwa mit Silberkerze (*Cimicifuga*), Prachtspiere (*Astilbe*) und Farnen, genügen schon wenige Exemplare, um eine tolle Wirkung zu erzielen. Einziger Nachteil: Nacktschnecken finden die Blätter dieser Pflanze auch ganz toll! Da hilft nur, an Regentagen auf Schneckenpirsch zu gehen und die Mollusken abzusammeln. Ansonsten ist die Pflanze sehr genügsam, breitet sich nicht aggressiv aus und ist sehr langlebig.

Mein Tipp: Im Handel finden Sie oft auch die *Ligularia*-Hybride 'Zepter'. Bei ihr sind die kerzenförmigen Blütenstände noch dichter mit leuchtend gelben Blüten besetzt.

Ligularia przewalskii

Steckbrief

- *Blüten- und Blattschmuckstaude*
- *Höhe und Breite: 80–130 cm hoch (Blütenstände) und bis 1 m breit.*
- *Blätter: Fingerförmig gelappt, bis 30 cm breit.*
- *Blüten: Dichte Trauben mit gelben, 2 cm breiten Körbchenblüten.*
- *Blütezeit: Juli bis August.*
- *Standortvorlieben: Halbschattig bis schattig. Frischer bis feuchter, nährstoffreicher, humoser Boden.*

KLEINES IMMERGRÜN

Vinca minor

Vinca minor 'Atropurpurea'

Das Immergrün sieht aus wie eine Staude und wird im Garten auch so verwendet. Botanisch gilt es jedoch als Kleinstrauch. Es ist immergrün und wuchsfreudig, mit zahlreichen Blüten zur Hauptblütezeit und bis zum Herbst immer wieder nachblühend. Die Pflanze ist robust, denkbar pflegeleicht, braucht keinen Rückschnitt, nimmt es aber auch nicht übel, wenn sie stark zurückgeschnitten wird.

Steckbrief

- » *Immergrüner Kleinstrauch*
- » *Höhe und Breite: Bis 30 cm hoch und unbegrenzt breit.*
- » *Blätter: Lanzettlich bis eiförmig, glänzend dunkelgrün, 2–4 cm lang.*
- » *Blüten: Stieltellerförmig, blauviolett, 2,5–3 cm breit.*
- » *Blütezeit: April/Mai.*
- » *Standortvorlieben: Sonnig bis schattig. Frischer bis feuchter, durchlässiger, humoser Boden.*

Als Bodendecker unter Gehölzen ist das Kleine Immergrün einfach unschlagbar. Durch bewurzelnde Langtriebe breitet sich die Pflanze rasch über größere Flächen aus. Diese Eigenschaft beinhaltet aber auch das Risiko, dass die Pflanze die Regie im Garten übernimmt. Überlegen Sie deshalb, wo das Immergrün bedenkenlos wuchern darf und wo Sie besser andere schattenverträgliche Bodendecker einsetzen, etwa Schaumblüte (*Tiarella cordifolia*) oder Ysander (*Pachysandra terminalis*). Das Große Immergrün (*Vinca major*) sieht genauso aus, nur eben in allem etwas größer: Größere Blätter, größere Blüten, höherer Wuchs. Es ist etwas wärmebedürftiger als das Kleine Immergrün. In Regionen mit sehr kalten Wintern sollten Sie lieber bei der kleinen Schwester bleiben, denn die ist garantiert frosthart.

Sorten

- 'Alba': Weiße Blüten.
- 'Atropurpurea': Weinrote Blüten.
- 'Gertrude Jekyll': Weiße Blüten, reichblütig, kleinblättrig, bis 10 cm hoch.

Mein Tipp: Die Sorte 'Gertrude Jekyll' bleibt nicht nur kleiner, sondern ist auch langsam wachsend. Sie eignet sich daher gut für die Grabbepflanzung.

Königsfarn, Gewöhnlicher Rispenfarn

Osmunda regalis

Haben Sie Lust auf Dschungel-Feeling im Garten? Dann sind Sie mit diesem schönen einheimischen Farn gut beraten. Er kann recht groß werden und eignet sich daher gut für fast schon tropische Stimmungen an Gewässerrändern und in feuchten Rabatten. Königsfarn ist sehr langlebig und entwickelt sich mit den Jahren immer prächtiger. Wegen seiner majestätischen Größe können Sie schon mit einem einzigen Exemplar einen ziemlichen „Wow-Effekt" erzielen. Im Sommer erscheinen an den Spitzen von bis 200 cm langen fruchtbaren Wedeln troddelartige Gruppen goldbrauner Sporenlager. Das wirkt sehr urtümlich und verstärkt den exotischen Gesamteindruck der Pflanze noch. Im Herbst färben sich die Wedel leuchtend gelb. Damit der Farn wirklich gut gedeiht, braucht er einen kalkfreien, dauerhaft feuchten Boden und auch eine hohe Luftfeuchtigkeit. Ansonsten ist die Pflanze sehr pflegeleicht, kennt keine Krankheiten oder Schädlinge und kann einfach jahrelang vor sich hinwachsen.

Steckbrief

- » *Sommergrüner Farn*
- » *Höhe und Breite: 120–150 cm hoch und breit.*
- » *Blätter: Breit dreieckig-eiförmig, gefiedert, hellgrün, bis 100 cm lang.*
- » *Standortvorlieben: Halbschattig bis schattig. Feuchter, saurer, humoser Boden.*

Osmunda regalis

Schnecken finden den Farn uninteressant und frosthart ist er obendrein. Nur mit Blüten kann der Königsfarn nicht aufwarten. Diese Gemeinsamkeit teilt er mit allen anderen Farnen. Sie vermehren sich durch Sporen – aber das ist eine etwas komplizierte Geschichte, die eher in den Biologieunterricht und nicht hierher gehört.

Mein Tipp: Schneiden Sie die welken Wedel erst kurz vor dem Austrieb im zeitigen Frühjahr ab. Sie bieten in Frostperioden einen guten natürlichen Winterschutz für die Pflanze.

Pfennigkraut, Pfennig-Gilbweiderich

Lysimachia nummularia

Die einheimische Wildstaude bildet rasch lockere Matten, die im späten Frühjahr mit fröhlichen, gelben Blüten gesprenkelt sind. Diese werden zwar von Insekten besucht und bestäubt, bilden aber selten Früchte oder Samen aus. Dementsprechend sät sich Pfennigkraut kaum aus. Die robuste, immergrüne, voll frostharte Pflanze breitet sich aber nahezu unbegrenzt durch Ausläufer aus: Die bis 40 cm langen Triebe wurzeln, wo sie auf dem Boden aufliegen, an den Blattansatzstellen. Weil die Wurzeln aber nicht tief im Boden verankert sind, können Sie die Triebe einfach ausrupfen, wo sie stören. Krankheiten und Schädlinge sind für die Pflanze Fremdworte und sogar Nacktschnecken ignorieren sie. Wenn die Pflanze erst einmal im Garten Wurzeln geschlagen hat, werden Sie viele Jahre Freude an ihr und wenig Arbeit mit ihr haben. Das sehr anpassungsfähige Pfennigkraut eignet sich gut als Bodendecker am Rand von Gewässern. Auch im Vordergrund von gemischt bepflanzten Beeten wirkt die Pflanze schön. Aber Achtung: Wegen des Ausbreitungsdranges können Nachbarpflanzen verdrängt werden! Es gibt mit 'Aurea' auch eine Sorte mit gelbgrünem Laub, die weniger stark wuchert. Diese Sorte sollten Sie aber nur an halbschattigen oder schattigen Standorten pflanzen, weil sie pralle Sonne nicht verträgt.

Lysimachia nummularia

Steckbrief

- *Immergrüne Bodendeckerstaude*
- *Höhe und Breite: Bis 5 cm hoch und unbegrenzt breit.*
- *Blätter: Rund bis herzförmig, bis 2 cm breit.*
- *Blüten: Becherförmig, 2,5 cm breit, leuchtend gelb.*
- *Blütezeit: Mai bis Juli.*
- *Standortvorlieben: Sonnig, halbschattig oder schattig. Feuchter, durchlässiger, humoser Boden.*

Mein Tipp: Sie können das wüchsige Pfennigkraut auch hängend einsetzen, etwa am Rand von Kübeln, Balkonkästen oder Ampeln. Die Staude eignet sich sogar als Zimmerpflanze!

Schachblume, Kibitzei

Fritillaria meleagris

Quadrate gibt es im Naturreich nicht. Normalerweise. Die Blütenblätter dieser Pflanze machen aber eine Ausnahme: Sie sind schachbrettartig gemustert. Feuchte Wiesen sind der eigentliche Lebensraum dieser einheimischen Wildpflanze, die wegen ihrer weißen Zwiebeln im Volksmund auch Kiebitzei genannt wird. Doch feuchte Wiesen sind selten geworden und somit auch die wilden Schachblumen. In der Natur sind sie deshalb streng geschützt. Im Garten können die kleinen Kostbarkeiten in feuchten Wiesen, am Teichrand oder in lichten Gehölzgruppen gepflanzt werden. Und immer in größerer Stückzahl, denn einzelne Exemplare werden leicht übersehen. Pflanzen Sie die Zwiebeln im Spätsommer oder Herbst etwa 5–10 cm tief. Sie sind nicht lange lagerfähig und sollten sofort nach dem Erwerb eingesetzt werden. Ansonsten sind Schachblumen sehr pflegeleicht, erstaunlich robust und winterhart. Die Zwiebeln können im Winter einfach im Boden bleiben. Alle Pflanzenteile sind übrigens giftig!

Fritillaria meleagris

Mein Tipp: In meinem Garten wachsen Schachblumen in einem Meer von Bär-Lauch im lichten Schatten von Sträuchern. Im Sommer, wenn der Standort vollschattig ist, ziehen beide Pflanzen die Blätter ein.

Sorten

- 'Aphrodite': Weiß, nur schwach gemustert.
- 'Artemis': Purpurn und grün gemustert.
- 'Charon': Dunkelpurpurn und hellviolett gemustert.
- 'Emperor': Violett und grau gemustert.
- 'Poseidon': Hellviolett und purpurrosa gemustert.
- 'Saturnus': Hell- und dunkelrot gemustert.

Steckbrief

» *Kleine Zwiebelpflanze*
» *Höhe und Breite: Bis 30 cm hoch und 5 cm breit.*
» *Blätter: Schmal riemenförmig, graugrün, bis 15 cm lang.*
» *Blüten: Breit glockig, nickend, bis 4,5 cm lang, in Weiß oder Purpurrosa.*
» *Blütezeit: April bis Mai.*
» *Standortvorlieben: Sonnig, halbschattig oder schattig. Feuchter, humoser Boden.*

Schaublatt

Rodgersia

Diese imposante Blattschmuckstaude ist ein echter Hingucker. Aber Achtung: Sie beansprucht richtig viel Platz! Deshalb genügt meist ein Exemplar, um die volle Wirkung zu erzielen. Es gibt mehrere schöne Arten. Alle haben einen ähnlichen Wuchs und ähnliche attraktive Blätter, die sich in Details unterscheiden. Zu nennen ist vor allem das Prinz-Henri-Schaublatt (*Rodgersia henrici*). Die Sorte 'Die Schöne' blüht prächtig in Rosarot. Die Blätter des Kastanien-Schaublatts (*R. aesculifolia*) erinnern an die von Rosskastanien. Das Holunderblättrige Schaublatt (*R. sambucifolia*) hat cremeweiße bis rosafarbene Blüten und das Gefiederte Schaublatt (*R. pinnata*) rosarote. Schließlich gibt es noch das Gezähnte Schaublatt (*R. podophylla*) mit grünlich-weißen Blüten. Die Sorte 'Rotlaub' dieser Art besticht mit Laub, das tief bronzerot austreibt und die Farbe oft bis zum Herbst behält. Eine gute Standortwahl ist am Ufer von Gewässern. Aber auch vor Gehölzgruppen und in Rabatten sehen die Stauden sensationell aus. Sie brauchen allerdings zwei oder drei Jahre, um sich zu voller Schönheit zu entwickeln. Dafür sind sie aber sehr langlebig, robust und pflegeleicht. Den Austrieb sollten Sie dennoch vor Schneckenfraß schützen. Später widerstehen die festen Blätter den Schneckenattacken.

Rodgersia pinnata

Mein Tipp: Wenn sich im Frühjahr erst einmal nichts tut, dann ist das normal. Schaublätter treiben relativ spät aus.

Steckbrief

- *Blattschmuckstaude*
- *Höhe und Breite: Je nach Art 70–120 cm hoch und breit.*
- *Blätter: Groß, lang gestielt, fächerartig, bis 30 cm lange Einzelblätter (Fiedern).*
- *Blüten: Steife, lang gestielte Rispen mit kleinen, rahmweißen bis rosafarbenen Blüten.*
- *Blütezeit: Mai bis Juli.*
- *Standortvorlieben: Halbschattig bis schattig. Frischer bis feuchter, humoser, nährstoffreicher Boden.*

Herzblättrige Schaumblüte

Tiarella cordifolia

Diese wüchsige Rhizomstaude breitet sich mit kurzen Ausläufern rasch aus und bildet dichte Teppiche. Im Winterhalbjahr färbt sich das meist wintergrüne Laub rötlich-braun. Im Frühjahr zieren duftige, cremeweiße, sternförmige Blüten die dann blassgrünen Laubpolster. Bienen und Schmetterlinge lieben diese frühe Nektar-Tankstelle! Der starke Ausbreitungsdrang dieser unkomplizierten, pflegeleichten Staude ist besonders von Vorteil, wenn größere Flächen dauerhaft begrünt werden sollen. Als typische Waldpflanze kann die Schaumblüte als Unterpflanzung in Gehölzgärten und im Vordergrund von schattigen Rabatten oder zum Einfassen schattiger Wege dienen. Schädlinge und Krankheiten sind eigentlich kein Thema bei dieser Pflanze, aber manchmal werden Nacktschnecken zum Problem. Im Handel finden Sie außer der Art auch einige Sorten und Kreuzungen (Hybriden). Diese haben die gleichen Standortansprüche und unterscheiden sich vor allem in der Blattfarbe oder -form und der Blütenfarbe.

Sorten

- 'Brandywine': Glänzende Blätter mit brauner Aderung.
- 'Moorgrün': Intensiv grünes Laub, kleinblättrig, robuster und niedriger als die Urform.
- 'Pink Bouquet': Hybride mit großen, rötlich geaderten Blättern und hell rosafarbenen Blüten.

Steckbrief

» *Bodendeckerstaude*
» *Höhe und Breite: 10–30 cm hoch und 30 cm breit.*
» *Blätter: Herzförmig, gelappt, behaart, blassgrün, bis 10 cm lang.*
» *Blüten: Ährenartige, 10–30 cm hohe Trauben mit cremeweißen Sternblüten.*
» *Blütezeit: April bis Mai.*
» *Standortvorlieben: Halbschattig bis schattig. Frische bis feuchte, lockere, humose, leicht saure Böden..*

Mein Tipp: Wegen der ähnlichen Standortvorlieben eignet sich die Schaumblüte hervorragend zur Unterpflanzung von Rhododendren und Azaleen.

Tiarella cordifolia

Dorniger Schildfarn

Polystichum aculeatum

Polystichum aculeatum

Mit diesem immergrünen, einheimischen Farn können Sie Ruhepunkte im Garten setzen. Am besten wirkt der Farn in kleinen Gruppen von drei bis fünf Pflanzen. Seine zurückhaltende Eleganz ist ein ganzjähriger Blickfang vor allem unter Gehölzen und in schattigeren Gartenbereichen. Die dunkelgrünen, glänzenden, an der Spitze leicht übergeneigten Wedel bilden trichterförmige Rosetten, die ganzjährig schön aussehen. Die einzelnen Fiedern der Wedel sind weiter in kleine Fieder unterteilt. Das lässt die Wedel besonders filigran wirken. Der Farn ist am richtigen Standort äußerst pflegeleicht und langlebig. Ein Verpflanzen verträgt er nicht so gut, deshalb überlegen Sie vor dem Einpflanzen genau, ob der Farn an dem vorgesehenen Standort dauerhaft bleiben kann. Im Gegensatz zu anderen immergrünen Farnen verträgt er bei ausreichend Boden- und Luftfeuchtigkeit sogar relativ viel Sonne. Ein Rückschnitt oder Winterschutz ist nicht nötig, selbst im Frühjahr stören keine braunen Wedel. Der verwandte, ebenfalls immergrüne Weiche Schildfarn (*Polystichum setiferum*) ist im Garten ähnlich verwendbar. Von dieser Art gibt es einige Zuchtsorten mit gekräuselten oder mehrfach gefiederten Wedeln. Der hier porträtierte Dornige Schildfarn ist aber etwas robuster und anpassungsfähiger und deshalb für Anfänger meiner Meinung nach die bessere Wahl.

Steckbrief

- *Immergrüner Farn*
- *Höhe und Breite: 50–80 cm hoch und 90 cm breit.*
- *Blätter: Gefiederte, bis 60 cm lange, dunkelgrüne Wedel.*
- *Standortvorlieben: Halbschattig bis schattig. Frischer bis feuchter, humoser, schwach saurer Boden.*

Mein Tipp: Bei lang anhaltender Trockenheit gönne ich dem Farn einen kräftigen Schluck aus der Gießkanne und gelegentlich eine kurze Dusche. Stehendes Wasser auf den Wedeln verträgt dieser Farn aber nicht so gut.

Japan-Segge

Carex morrowii

Die immergrüne Japan-Segge bildet schöne, halbkugelige Horste aus leicht bogig überhängenden Blättern und breitet sich langsam durch kurze Ausläufer aus, ohne zu wuchern. Das unkomplizierte, pflegeleichte und langlebige Gras eignet sich gut, um größere Flächen unter Gehölzen dauerhaft zu begrünen. Am häufigsten wird die Sorte 'Variegata' gepflanzt. Die Blätter dieser Sorte haben mehr oder weniger stark ausgeprägte weiße Ränder. Das nimmt den ansonsten dunkelgrünen Blattschöpfen die Schwere und wirkt insbesondere in schattigen Gartenbereichen lebendiger. Schön sehen zudem Wegeinfassungen und Gehölzrabatten mit dem weißbunten Gras aus.
Am Teichrand sorgt die Japan-Segge für ein gewisses Asien-Flair. Solange die Pflanzen in ausreichend feuchtem Boden wachsen, brauchen Sie sich nach dem Einpflanzen nicht mehr um sie zu kümmern. Krankheiten und Schädlinge können Sie bei der Japan-Segge vergessen, selbst Nacktschnecken finden das Gras nicht schmackhaft genug, um daran zu knabbern. Wenn es ein Gras gibt, für das die Bezeichnung „pflegeleicht und dauerschön" zutrifft, dann ist das die Japan-Segge!

Carex morrowii

Steckbrief

- *Immergrünes Gras*
- *Höhe und Breite: 30–40 cm hoch und bis 50 cm breit.*
- *Blätter: Schmal, bogig, glänzend dunkelgrün, bis 30 cm lang.*
- *Blüten: Kurze, über dem Blattschopf stehende, braungelbe Ähren.*
- *Blütezeit: März bis Mai.*
- *Standortvorlieben: Halbschattig bis vollschattig. Frischer bis feuchter, lockerer, humoser Boden.*

Mein Tipp: Wenn im Winter die Gehölze kahl sind, kann es vorkommen, dass die Wintersonne dem Gras zusetzt. Sorgen Sie in dem Fall mit Vlies oder Tannenreisig für eine vorübergehende Abdeckung.

Silberkerze

Cimicifuga

In Schattenbeeten sind Silberkerzen zur Blütezeit die leuchtenden Ausrufezeichen. Ihre hohen Blütenstände ragen meist über alle anderen Stauden hinaus und haben eine tolle Fernwirkung. Als Insektenweide sind sie besonders wegen ihrer langen Blütezeit beliebt, die sich über mehrere Wochen erstrecken kann. In Gärten werden meist zwei Arten gepflanzt:

Cimicifuga simplex 'Brunette'

Die Juli-Silberkerze (*Cimicifuga racemosa*) und die Oktober-Silberkerze (*C. simplex*). An den deutschen Namen erkennen Sie schon, warum beide Arten sich bestens ergänzen: Die eine blüht im Sommer, die andere erst im Herbst. Die Juli-Silberkerze hat elegant bogig überhängende, gewellte Blütentrauben in Cremeweiß und duftet etwas streng. Die Oktober-Silberkerze blüht bei uns meist schon ab Ende August mit straff aufrechten bis überhängenden Blütentrauben und hält bis mindestens Ende September durch. Die kleinen weißen Blüten verströmen einen angenehmen Duft. Von dieser Art gibt es einige Sorten mit braunrotem Laub. Bei der Sorte 'Brunette' ist es besonders dunkel ausgeprägt und kontrastiert schön mit den hellen Blütentrauben. Silberkerzen sind sehr langlebige Stauden und dabei ziemlich pflegeleicht. Krankheiten oder Schädlinge gibt es kaum. Meine Exemplare teile ich alle paar Jahre im zeitigen Frühjahr, um sie zu vermehren.

Steckbrief

- *Hohe Blütenstaude*
- *Höhe und Breite: Je nach Art und Sorte 120–180 cm hoch und 60 cm breit.*
- *Blätter: Dunkelgrün, gelappt, bis 10 cm lang.*
- *Blüten: Lang gestielte, bis 40 cm lange Blütenkerzen mit kleinen, weißen bis cremefarbenen Blüten.*
- *Blütezeit: Je nach Art Juli oder August bis Oktober.*
- *Standortvorlieben: Halbschattig bis schattig. Feuchter, humoser, nährstoffreicher Boden.*

Mein Tipp: Jungpflanzen brauchen einige Jahre, bis sie gut eingewachsen sind. In dieser Zeit sollten starkwachsende Nachbarn auf Abstand gehalten werden.

Wald-Storchschnabel

Geranium sylvaticum

Geranium sylvaticum

Steckbrief

- *Kleine Blütenstaude*
- *Höhe und Breite: Bis 60 cm hoch und breit.*
- *Blätter: Handförmig, tief eingeschnitten, mittelgrün, 10–20 cm lang.*
- *Blüten: Schalenförmig, 2–3 cm breit, rotviolett mit weißer Mitte.*
- *Blütezeit: Mai bis Juni und September.*
- *Standortvorlieben: Halbschattig bis schattig. Frischer bis feuchter, lehmig-humoser, nährstoffreicher Boden.*

Der einheimische Wald-Storchschnabel ist ein echter Zauberkünstler für schattige Gartenbereiche. Auch ganz ohne Sonne blüht er im späten Frühjahr und im Frühsommer zuverlässig, und das sogar unter Sträuchern und Bäumen. Wird die Pflanze nach der Blüte bodeneben zurückgeschnitten, regt dies eine reiche Nachblüte im September an. Ohne einen Rückschnitt bringt dieser Storchschnabel im Lauf des Sommers immer mal wieder ein paar Blüten hervor. Wie bei vielen Storchschnabel-Arten duften die Blätter bei Berührung aromatisch. Vielleicht machen deshalb Schnecken einen Bogen um die Pflanze. Auch sonst bleibt die robuste, langlebige, pflegeleichte Staude von Schädlingen verschont und kennt keine Krankheiten. Der schlichte Charme des Wald-Storchschnabels macht ihn zu einer attraktiven Staude für naturnahe Pflanzungen. Aber auch in gemischten Staudenbeeten und als Unterpflanzung von Gehölzen sieht er hübsch aus. Weil die Staude lockere Horste bildet, eignet sie sich gut für die Kombination mit anderen Stauden. Gute Pflanzpartner sind beispielsweise Astilben, Wald-Geißbart (*Aruncus dioicus*) und Funkien (*Hosta*).

Sorten

- 'Album': Weiße Blüten.
- 'Mayflower': Blauviolette Blüten mit weißem Auge.

Mein Tipp: Wald-Storchschnabel verbreitet sich gern durch Selbstaussaat. Sie können die Schar der Nachkommen in Grenzen halten, wenn Sie die Staude gleich nach der Blüte kräftig zurückschneiden.

Zwerg-Bambus

Pleioblastus argenteostriatus fo. *pumilus*

Pleioblastus argenteostriatus fo. *pumilus*

Bambus bringt einen Hauch Exotik in den Garten. Es müssen aber nicht immer hohe Arten sein. Auch ein Teppich aus niedrigen Bambuspflanzen sorgt als immergrüner Bodendecker unter Gehölzen für asiatisches Flair. Einer der robustesten und frosthärtesten ist die hier vorgestellte Art. Wenn Sie eine dauerhaft pflegeleichte Bodenbegrünung im Asia-Style für feucht-schattige Gartenbereiche wünschen, ist dieser durchsetzungsfähige und reichlich Ausläufer bildende Zwerg-Bambus eine gute Wahl. Die Namensgebung bei Bambussen ist eine Sache für sich. Auch der hier vorgestellte Zwerg-Bambus hat im Lauf der Zeit viele botanische Namen erhalten: *Pleioblastus humilis*, *P. humilis* var. *pumilus*, *P. chino viridis* fo. *humilis*, *Arundinaria pumila* oder *Sasa pumila*. Sicher gibt es bald noch weitere Namen. Aber egal, unter welchem Namen sie ihn pflanzen: Es ist ein stark wucherndes Gras! Setzen Sie ihm klare Grenzen, sonst nimmt Zwerg-Bambus mit der Zeit den ganzen Garten in Beschlag. Sie können den Ausbreitungsdrang der Pflanze durch eingegrabene Rhizomsperren aus Kunststoff auf einen Bereich beschränken, in dem sie wachsen darf. Derart gerüstet haben Sie dann aber garantiert viele Jahre lang Freude an dem immergrünen Gras aus dem Fernen Osten!

Mein Tipp: Sehen die Blätter nicht mehr schön aus, ist eine Verjüngung angebracht. Säbeln Sie einfach mit einem hoch eingestellten Balkenmäher oder einer Heckenschere alles ab. Düngen und wässern Sie danach. Bald schon sprießt wieder ein frischer, immergrüner Teppich!

Steckbrief

- *Immergrüner Bodendecker*
- *Höhe und Breite: 0,7–1,2 m hoch und unbegrenzt breit.*
- *Blätter: Lanzettlich, mittelgrün, bis 20 cm lang.*
- *Standortvorlieben: Lichtschattig bis schattig. Mäßig trockene bis feuchte Böden.*

Japanische Kamelie

Camellia japonica

Die immergrünen Sträucher wirken zunächst wenig spektakulär. Wenn sich aber im Spätwinter und Frühjahr die prächtigen Blüten öffnen, ist das wirklich sensationell! Bei ungefüllten oder halb gefüllten Sorten sind die goldgelben Staubblätter für die ersten Bienen im Jahr eine gute Nektarquelle. Sie wälzen sich wonnig in den gelben Büscheln! Von den vielen Kamelien-Arten sind die meisten in unseren Breiten nicht winterhart.
Aber viele Sorten der Japanischen Kamelie überstehen an geschützten Standorten normale Winter problemlos. Bei strengem Frost können die Blütenknospen erfrieren, aber die Pflanzen treiben im Frühjahr wieder aus. Solange der Boden immer feucht bleibt und die Pflanzen nicht in der Sonne schmachten, machen Kamelien kaum Arbeit. Eine Handvoll Rhododendron-Dünger nach der Blüte wissen sie aber zu schätzen. Sie wachsen langsam, aber stetig und können sehr alt werden.
Die meist kompakt wachsenden Sorten brauchen überhaupt nicht geschnitten zu werden. Und wenn doch, dann am besten gleich nach der Blütezeit.

Sorten

- 'Adolphe Audusson': Blutrote, halb gefüllte, sehr große Blüten.
- 'California': Lachsrosafarbene, ungefüllte Blüten.
- 'Hagoromo': Zartrosafarbene, halb gefüllte, schalenförmige Blüten.

Camellia japonica 'California'

Steckbrief

- » *Immergrüner Strauch oder Kleinbaum*
- » *Höhe und Breite: Je nach Sorte 2–9 m hoch und 3–4 m breit.*
- » *Blätter: Länglich bis elliptisch, ledrig, glänzend, dunkelgrün, bis 10 cm lang.*
- » *Blüten: Je nach Sorte ungefüllt, halb oder dicht gefüllt, in Weiß und verschiedenen Rosa- und Rottönen.*
- » *Blütezeit: März bis Mai.*
- » *Standortvorlieben: Halbschattig bis schattig. Frischer bis feuchter, durchlässiger, humoser, saurer Boden.*

Mein Tipp: In Regionen mit sehr kalten Wintern sollten Sie die Kamelien lieber als Kübelpflanzen kultivieren und geschützt überwintern.

Japanische Lavendelheide

Pieris japonica

Pieris japonica 'Valley Valentine'

Dieser immergrüne Strauch wächst breitbuschig und mit einer etwas unregelmäßigen Aststellung. Im Austrieb ist das Laub vieler Sorten mehr oder weniger intensiv bräunlich rot bis tiefrot gefärbt. Die Blütenstände werden bereits im Herbst angelegt. Sie sind dann oft schon gut ausgefärbt und bilden einen hübschen Kontrast zum Laub. Im Frühjahr bilden sich dann die Blütenstände mit den kleinen, krugförmigen Blüten vollständig aus. Wegen der frühen Blütezeit ist Lavendelheide eine gute Nektarquelle für Bienen und Hummeln. Setzen Sie den Strauch möglichst in Einzelstellung, damit die Blüten gut zur Geltung kommen. Und achten Sie unbedingt auf einen feuchten, sauren Boden, denn sonst kümmert die Pflanze vor sich hin. Das ansonsten äußerst pflegeleichte Gehölz wächst langsam und kann sehr alt werden. Ideal also für alle, die möglichst wenig Arbeit mit ihren Pflanzen haben möchten!
Alle Pflanzenteile sind übrigens giftig.

Steckbrief

» *Immergrüner Normalstrauch*
» *Höhe und Breite: 2–3 m hoch und breit.*
» *Blätter: Lanzettlich, glänzend dunkelgrün, quirlförmig angeordnet, 3–8 cm lang.*
» *Blüten: Lockere,12–15 cm breite Rispen mit kleinen, weißen Blüten.*
» *Blütezeit: März bis Mai.*
» *Standortvorlieben: Halbschattig bis schattig. Frischer bis feuchter, durchlässiger, nährstoffreicher, saurer Boden.*

Sorten

- 'Debutante': Reinweiße, frühe Blüten, dunkelgrünes Laub.
- 'Mountain Fire': Reinweiße Blüten, im Austrieb besonders rotes Laub.
- 'Valley Rose': Rosa Blüten, hellgrünes Laub.
- 'Valley Valentine': Tiefrosafarbene bis weinrote Blüten, tiefgrünes Laub.
- 'Variegata': Rahmweiße Blüten, weiß gerandetes, hellgrünes Laub.

Mein Tipp: In klimatisch besonders rauen Regionen sollten Sie auf die ähnliche, nahe verwandte, aber frosthärtere Vielblütige Lavendelheide (*Pieris floribunda*) ausweichen.

Mahonia aquifolium

Gewöhnliche Mahonie

Mahonia aquifolium

Dieser ganzjährig attraktive, kleine Strauch ist eine pflegeleichte und anspruchslose Pflanze, die auch an wirklich schattigen Standorten noch gut gedeiht. Im Frühjahr sind die leuchtend gelben Blütenstände ein schöner Blickfang. Der etwas strenge Duft, den sie verströmen, scheint Bienen und Hummeln nicht abzuschrecken.
Im Herbst erscheinen erbsengroße, blau bereifte, saftige Beeren. Die sehen zwar richtig giftig aus, sind es aber nicht. Aus dem Saft der Beeren kann sogar Gelee gekocht werden. Die kleinen Sträucher wachsen breitbuschig mit mehreren Trieben. Sie können sie in Einzelstellung oder kleinen Gruppen pflanzen. Aber weil sie kurze Ausläufer treiben, werden Sie früher oder später ohnehin Gruppen haben. Keine Bange, die Pflanzen wachsen langsam und wuchern nicht. Wenn die Sträucher struppig werden, können sie radikal zurückgeschnitten werden und treiben aus dem verbleibenden Rest wieder aus. Das immergrüne Laub färbt sich übrigens in den Wintermonaten in einem aparten Braunrot. Die Färbung wird umso intensiver, je mehr Sonnenlicht die Pflanzen dann abbekommen.

Steckbrief

- » *Immergrüner Kleinstrauch*
- » *Höhe und Breite: Bis 1 m hoch und breit.*
- » *Blätter: Gefiedert, glänzend dunkelgrün, am Rand leicht dornig, 10–20 cm lang.*
- » *Blüten: Bis 8 cm lange Trauben mit kleinen, goldgelben Blüten.*
- » *Blütezeit: April bis Mai.*
- » *Standortvorlieben: Halbschattig bis schattig. Mäßig trockener bis feuchter, durchlässiger, humoser Boden.*

Sorten

- 'Apollo': Etwas größere Blüten als die Urform, bis 0,6 m hoch, braunrote Winterfärbung.
- 'Atropurpurea': Bis 0,6 m hoch, dunkel bronzebraune Winterfärbung.
- 'Maqu': Kräftig aufrechter Wuchs, bis 1 m hoch, bronzebraune Winterfärbung.

Mein Tipp: Tragen Sie beim Umgang mit dem Strauch immer Handschuhe – die winzigen Dornen an den Blättern sind nicht zu unterschätzen!

Japanische Skimmie

Skimmia japonica

Die Japanische Skimmie ist ein hübscher, immergrüner Zwergstrauch für ganz kleine Gärten, die wenig oder gar keine Sonne abbekommen. Der kompakte, langsam wachsende Strauch ist zweihäusig.
Das bedeutet, dass sich männliche und weibliche Blüten auf verschiedenen Pflanzen befinden. Zwar blühen beide Geschlechter im Frühjahr und locken Bienen und Schmetterlinge an. Aber es bilden sich nur Früchte, wenn die weiblichen Blüten von den männlichen befruchtet werden. Die männlichen Blüten duften übrigens stärker als die weiblichen. Die erbsengroßen Früchte werden ab Oktober nur an weiblichen Pflanzen ausgebildet. Sie sind kugelig und glänzend rot und haften den ganzen Winter über dekorativ an den Triebspitzen. Deshalb gehört die Skimmie auch zu den beliebtesten Winterschmuckpflanzen. Im Handel wird oft die besonders reichblütige männliche Sorte ‘Rubella’ angeboten.
Die Blütenknospen werden bei diesem Klon schon im Spätherbst angelegt und bleiben den Winter über braun- bis purpurrot. Im Mai öffnen sich dann die stark duftenden, weißen Blüten. Bei strengen Kahlfrösten sollten Sie die immergrünen Blätter mit Reisig oder Vlies schützen.

Skimmia japonica

Mein Tipp: Es gibt im Handel inzwischen auch zweigeschlechtliche Züchtungen der Unterart *Skimmia japonica* subsp. *reevesiana*, die sich selbst befruchten können. Dann brauchen Sie nur eine Pflanze, damit sich die schönen Früchte bilden.

Steckbrief

- *Immergrüner Zwergstrauch*
- *Höhe und Breite: 0,6–1 m hoch und bis 1,5 m breit.*
- *Blätter: Schmal elliptisch, dunkelgrün, bis 12 cm lang.*
- *Blüten: Zweihäusig. Gelblich-weiße, bis 8 cm lange Rispen.*
- *Blütezeit: April bis Mai.*
- *Standortvorlieben: Lichtschattig bis schattig. Frischer bis feuchter, durchlässiger, humoser, eher saurer Boden.*

Kletternder Spindelstrauch

Euonymus fortunei

Der Kletternde Spindelstrauch muss nicht unbedingt klettern. Meist wird er als immergrüner Bodendecker gepflanzt und erledigt die Aufgabe äußerst zuverlässig. Die Pflanze breitet sich langsam, aber stetig aus und lässt kein Unkraut durchkommen. Dabei ist sie äußerst pflegeleicht und anspruchslos. Sie hat dekorative, oft weiß- oder gelbbunt gemusterte Blätter und ist voll frosthart. Nur auf Blütenschmuck müssen Sie leider verzichten. Für nektarhungrige Insekten hat die Pflanze also nichts zu bieten. Sie können wenn nötig die Triebe vor dem Austrieb im Frühjahr einkürzen. Sogar starke Rückschnitte nimmt der kleine Strauch nicht übel. Wird er nicht als Bodendecker eingesetzt, erobert der Spindelstauch mit seinen Haftwurzeln – ganz ohne Kletterhilfe – Mauern mit bis zu 5 m Höhe. Aber eigentlich gibt es dafür bessere und schneller wachsende Kandidaten. Krankheiten und Schädlinge sind bei diesem Gewächs nicht zu befürchten.

Sorten

- 'Emerald Gaiety': Grüne, weiß gerandete Blätter, im Winter mit einem Hauch Purpur.
- 'Emerald'n Gold': Grüne, gelb gerandete Blätter.
- 'Minimus': Dicht mattenförmig, nur 15 cm hoch, dunkelgrüne Blätter.

Mein Tipp: In Balkonkästen ist der Kletternde Spindelstrauch eine langlebige und äußerst pflegeleichte Pflanze, die saisonal mit Blumenzwiebeln oder bunten Blütenpflanzen ergänzt werden kann.

Euonymus fortunei 'Emerald Gaiety'

Steckbrief

» *Immergrüner Zwergstrauch*
» *Höhe und Breite: Je nach Sorte 0,3–0,8 m hoch und 1–5 m breit.*
» *Blätter: Elliptisch, ledrig, 2–6 cm lang, oft farbenfroh gezeichnet.*
» *Blüten: Nur an sonnigen Standorten und älteren Pflanzen. Grünlich-weiß, 0,5 mm lang.*
» *Blütezeit: Juni bis Juli.*
» *Standortvorlieben: Sonnig bis schattig. Mäßig trockener bis feuchter, durchlässiger, nährstoffreicher Boden.*

Japanischer Ysander

Pachysandra terminalis

Pachysandra terminalis

Der Volksmund nennt diesen Halbstrauch auch Dickmännchen, wohl wegen seiner fleischigen, nur am Ende beblätterten Stängel. Mit seinen kriechenden Ausläufern breitet sich der immergrüne Ysander langsam, aber zuverlässig und dicht flächendeckend aus. Dadurch ist er ein hervorragender Bodendecker für halbschattige bis schattige Standorte. Unter hochkronigen Bäumen bildet er eine langlebige, robuste Unterpflanzung. Die im Frühjahr erscheinenden Blüten sind aber für Insekten auf Nektarsuche leider nur mäßig interessant. Außer der Art sind auch die Sorten 'Compacta' und 'Green Carpet' im Handel. Sie wachsen kompakter als die Urform und werden nur 10–15 cm hoch.

Die Sorte 'Variegata' hat weiß gerandete Blätter und wirkt als Bodendecker etwas unruhig. Aber es gibt sicher Gärten, wo diese aparte Sorte gut zur Geltung kommt. Schön sieht es übrigens aus, wenn Sie in größere mit Ysander bepflanzte Flächen kleine Gruppen von Farnen einstreuen. Das lockert die ansonsten etwas monotone Pflanzung auf. Ysander ist absolut pflegeleicht, braucht keinen Rückschnitt und kennt keine Krankheiten oder Schädlinge.

Steckbrief

- » *Kriechender, immergrüner Halbstrauch*
- » *Höhe und Breite: Bis 0,3 m hoch und unbegrenzt breit.*
- » *Blätter: Verkehrt-eiförmig, ledrig, glänzend mittelgrün, 5–8 cm lang.*
- » *Blüten: Kleine, weiße, zu 3–5 cm langen Ähren angeordnete Blüten.*
- » *Blütezeit: April bis Mai.*
- » *Standortvorlieben: Halbschattig bis schattig. Frischer bis feuchter, durchlässiger, neutraler bis schwach saurer Boden.*

Mein Tipp: Bekommt Ysander bei Ihnen gelbe Blätter, enthält der Boden zu viel Kalk. Kurzfristig können Sie mit (saurem) Rhododendron-Dünger Abhilfe schaffen. Langfristig sollten Sie aber stattdessen eine kalktolerante Pflanze auswählen, etwa die Japan-Segge (*Carex morrowii*).

SERVICE

Auf den folgenden Seiten habe ich nützliche Literaturtipps, Adressen und Bezugsquellen für Stauden, Zwiebelpflanzen und Gehölze für Sie zusammengestellt. Ich hoffe, es hilft Ihnen weiter!

Zum Weiterlesen

Bärtels, Andreas; von Berger, Frank M.; Barlage, Andreas: Das große Buch der Gartenpflanzen. Über 4500 Bäume, Sträucher und Gartenblumen von A–Z.
Verlag Eugen Ulmer, Stuttgart 2013.

von Berger, Frank M.: Taschenatlas Zwiebel- und Knollenpflanzen.
Verlag Eugen Ulmer, Stuttgart 2014.

Haas, Hansjörg: Das Große GU Praxishandbuch Pflanzenschnitt.
Verlag Gräfe und Unzer, München 2012.

Kullmann, Folko: Das Perfekte Beet. Pflegeleichte Blütenpracht für jeden Standort.
Verlag Eugen Ulmer, Stuttgart 2021.

Lugerbauer, Katrin: Schattenstauden. Die dunkle Seite Ihres Gartens.
Verlag Eugen Ulmer, Stuttgart 2017.

Rehm-Wolters, Bettina und Mascha Schacht: Ein Garten voller Rosen.
Verlag Eugen Ulmer, Stuttgart 2011.

Rix, Martin und Roger Phillips: Rosarium. Ulmers großes Rosenbuch.
Verlag Eugen Ulmer, Stuttgart 2005.

Bezugsquellen

Staudengärtnereien (mit Versand)

Staudenkulturen Stade
Beckenstrang 24, D-46325 Borken-Marbeck
www.stauden-stade.de

Staudengärtnerei Gräfin von Zeppelin
Weinstr. 2, D-79295 Sulzburg-Laufen
www.graefin-von-zeppelin.de

Staudengärtnerei Dieter Gaissmayer
Jungviehweide 3, D-89257 Illertissen
www.gaissmayer.de

Sarastro-Stauden
Ort im Innkreis 131, A-4974 Ort im Innkreis
Österreich
www.sarastro-stauden.com

Staudengärtnerei Hospenthal-Kägi
Landstrasse 37, CH-5417 Untersiggenthal
Schweiz
www.hospenthal-kaegi.ch

Zwiebel- und Knollenpflanzen (mit Versand)

Staudengärterei Dieter Gaissmayer
Jungviehweide 3, D-89257 Illertissen
www.gaissmayer.de

Staudengärtnerei Gräfin von Zeppelin
Weinstr. 2, D-79295 Sulzburg-Laufen
www.graefin-von-zeppelin.de

Horst Gewiehs Blumenzwiebel-Grosshandel (auch für Privatkunden)
Italienischer Weg 1, D-37287 Wehretal
www.gewiehs-blumenzwiebeln.de

Albrecht Hoch
Potsdamer Straße 40, D-14163 Berlin
www.albrechthoch.de

Bernd Schober Blumenzwiebelversand
Stätzinger Str. 94 a, D-86165 Augsburg
www.der-blumenzwiebelversand.de

Albert Treppens Blumenzwiebeln, Saatgut, Düngemittel
Berliner Straße 84–88, D-14169 Berlin
www.treppens.de

Baumschulen (mit Versand)

Baumschule Horstmann GmbH & Co. KG
Schäferkoppel 3, D-25560 Schenefeld
www.baumschule-horstmann.de

Baumschule Huben
Schriesheimer Fußweg 7, D-68526 Ladenburg
www.huben.de

Baumschule Lappen
Herrenpfad 14, D-41334 Nettetal
www.lappen.de

H. Lorberg Baumschulerzeugnisse GmbH & Co. KG
Zachower Straße 4, D-14669 Ketzin/
OT Tremmen
Filial-Niederlassungen in Kleinziethen
und Baden-Baden
www.lorberg.com

Pflanzenhandel Lorenz von Ehren GmbH & Co. KG
Maldfeldstraße 4, D-21077 Hamburg
www.LvE.de

Wörlein GmbH
Baumschulweg 9, D-86911 Dießen am Ammersee
www.woerlein.de

Eisenhut Vivaio Baumschule
Via Parco Botanico, CH-6575 San Nazzaro
Schweiz
www.einsenhut.ch

Baumschule Baumgartner
Baumschulproduktions- und Handels GmbH
Elsniggasse 1 A, A-1120 Wien
Österreich
www.baumschule-baumgartner.eu

Vereine und Verbände

Gesellschaft der Staudenfreunde e. V.
GdS Geschäftsstelle: Evi Roth
Neubergstraße 11, D-77955 Ettenheim
www.gds-staudenfreunde.de

Gesellschaft Schweizer Staudenfreunde
www.staudenfreunde.ch

Verband der Landwirtschaftlichen Untersuchungs- und Forschungsanstalten (VDLUFA)
(Bodenanalysen)
Informationen unter www.vdlufa.de

Bund deutscher Baumschulen (BdB) e. V.
Bismarckstraße 49, D-25421 Pinneberg
www.gruen-ist-leben.de

JardinSuisse
Unternehmerverband Gärtner Schweiz
Bahnhofstrasse 94, CH-50000 Aarau
Schweiz
www.jardinsuisse.ch

Bundesfachsektion Baumschulen und Staudengärtner im Bundesverband der Österreichischen Gärtner
Schauflergasse 6, A-1010 Wien
Österreich
www.gartenbau.or.at

NACHGESCHLAGEN

A

Acer
  japonicum 44
  palmatum 44
Achillea 25
  filipendulina 25
  millefolium 25
Aconitum
  carmichaelii 108
  napellus 108
Aesculus parviflora 143
Ageratima altissima 94
Ahorn
  Fächer- 44
  Japanischer 44
Ajuga reptans 86
Akelei, Gewöhnliche 124
Alang-Alang-Gras 20
Alchemilla mollis 110
Allium
  aflatunense 42
  christophii 42
  giganteum 42
  nigrum 42
  rosenbachianum 42
  schoenoprasum 42
  sphaerocephalon 42
Alpenveilchen
  Anatolien- 148
  Herbst- 148
  Vorfrühlings- 148
Amelanchier
  laevis 47
  lamarckii 47
  ovalis 47
Anemone
  Berg- 58
  blanda 58
  hupehensis var. *japonica* 106
  Japan- 106
  Japanische Herbst- 106
Aquilegia vulgaris 124
Aruncus dioicus 152
Arundinaria pumila 178
Aster
  Ageratum- 149
  Blaue Wald- 21
  cordifolius 21
  dumosus 21
  Glattblatt- 21
  Kissen- 21
  novae-angliae 21
  novii-belgii 21
  Raublatt- 21
  trinervius subsp.
    ageratoides 149
  Wild- 149
Astilbe *arendsii* 164
Astilbe, Garten- 164
Astrantia major 131
Aucuba japonica 158
Aukube, Japanische 158
Azalee, Sommergrüne 134

B

Bambus
  Schirm- 96
  Zwerg- 178
Bandgras, Japan- 126
Berberis ottawensis 'Superba' 72
Berberitze, Große Blut- 72
Bergenia-Cultivars 150
Bergenien-Hybriden 150
Berggras 126
Birne, Weidenblättrige 73
Bistorta amplexicaulis 133
Blasenspiere, Schneeball- 45
Blasenstrauch, Gewöhnlicher 74
Blauregen 46
Blaustern
  Kaukasischer 107
  Sibirischer 107
  Zweiblättriger 107
Brandkraut, Russels 59
Brunnera macrophylla 113
Buchsbaum, Europäischer 119
Buddleja davidii 54
Buschklee, Thunbergs 75
Buxus sempervirens 119

C

Calamagrostis acutiflora 115
Callicarpa bodinieri var.
  giraldii 140
Camassia
  cusickii 89
  leichtlinii 89
  quamash 89
Camellia japonica 179
Campanula
  latifolia var. *macrantha* 112
  portenschlagiana 111
Carex morrowii 175
Centranthus ruber 69
Cerastium tomentosum 61
Chaenomeles
  speciosa 80
  × *superba* 80
Chasmanthium latifolium 128
Chinaschilf, Silber- 22
Cimicifuga
  racemosa 176
  simplex 176
Clematis
  montana 145
  viticella 145
Colchicum autumnale 118
Colutea arborescens 74
Convallaria majalis 153
Coreopsis
  grandiflora 26
  lanceolata 26
  verticillata 26
Coreopsis-Hybriden 26
Cornus
  alba 137
  kousa 137
Cotinus coggygria 79
Crocus
  ancyrensis 114
  biflorus 114
  chrysanthus 114
  sativus 114
  speciosus 114
  tommasinianus 114
  vernus 114
Cyclamen
  cilicium 148
  coum 148
  hederifolium 148

D

Delphinium cultivars 33
Deutzia
  gracilis 135
  scabra 135
Deutzie
  Raue 135
  Zierliche 135
Dianthus gratianopolitanus 65
Dickmännchen 184
Distel, Kugel- 64
Dreimasterblume 84
Dreizipfellilie
  Braune 165
  Große 165
  Rosa 165

E

Echinacea
  pallida 35
  paradoxa 35
Echinops ritro 64
Efeu, Gewöhnlicher 159
Eibe, Europäische 97
Eisenhut
  Blauer 108
  Herbst- 108
Elaeagnus angustifolia 78
Elfenblume 151
Engelshaar 60
Engelsüß 109
Epimedium
  × *cantabrigiense* 151
  × *perralchicum* 151
  × *rubrum* 151
  × *versicolor* 151
  × *warleyense* 151
Epimedium-Cultivars 151
Eranthis hyemalis 117
Eselsohr 43
Eulaliagras 22
Euonymus
  europaeus 141
  fortunei 183
Eupatorium
  fistulosum 94
  rugosum 94
Euphorbia
  characias 71
  myrsinites 71
  seguieriana 71
Exochorda macrantha 100

F

Fargesia murieliae 96
Federborstengras 23
Federbuschstrauch
  Erlenblättriger 98
  Großer 98
Federgras, Mexikanisches 60
Felberich
  Entenschnabel- 85
  Schnee- 85
Felsenbirne
  Gewöhnliche 47
  Kahle 47
  Kupfer- 47
Fetthenne, Purpur- 24
Filipendula ulmariao 127
Fingerstrauch 48

Flammenblume 30
Flieder
Garten- 49
Gewöhnlicher 49
Fothergilla
gardenii 98
major 98
Frauenmantel, Weicher 110
Fritillaria meleagris 171
Funkien-Hybriden 166

G

Galanthus
elwesii 155
nivalis 155
Garbe, Gold- 25
Gartensandrohr 115
Gaura lindheimeri 31
Geißbart, Wald- 152
Geranium
× *cantabrigiense* 40
Cultivars 40
macrorrhizum 156
× *magnificum* 40
× *oxonianum* 40
× *pratense* 40
psilostemon 40
sanguineum 70
sylvaticum 177
Gilbweiderich
Pfennig- 85
Punktierter 85
Glockenblume
Dalmatiner 111
Wald- 112
Glyzine 46
Goldkolben 167
Greiskraut, Mongolisches 167
Günsel, Kriechender 86

H

Hakonechloa macra 126
Hamamelis intermedia 103
Hartriegel
Japanischer Blumen- 136
Tatarischer 137
Hasenglöckchen
Atlantisches 125
Spanisches 125
Hedera helix 159
Helenium-Cultivars 38
Helianthemum-Cultivars 68
Helianthus
decapetalus 37
microcephalus 37
Helleborus-Cultivars 154
Helleborus orientalis 154
Hemerocallis fulva 92
Herbst-Zeitlose 118
Heuchera-Cultivars 129
Hibiscus syriacus 53
Himmelsleiter 87
Hornkraut, Filziges 61
Hortensie
Garten- 138
Wald- 138
Hosta-Cultivars 166
Hyacinthoides
hispanica 125
non-scripta 125
Hydrangea
arborescens 138
macrophylla 138
Hypericum
calycinum 120
densiflorum 120

I

Iberis sempervirens 66
Igelkopf 35
Immergrün, Kleines 168
Imperata cylindrica 20
Iris
Barbata-Elatior-Gruppe 36
Barbata-Nana-Gruppe 67
sibirica 91

J

Jakobsleiter 87
Japangras 126
Jasmin
Bauern- 51
Falscher 51
Johanniskraut
Dichtblütiges 120
Großblütiges 120
Jungfernrebe
Dreilappige 139
Gewöhnliche 139
Juniperus
chinensis 81
communis 81
squamata 81
virginiana 81

K

Kamelie, Japanische 179
Katzenminze 62
Kaukasusvergissmeinnicht, Großblättriges 113
Kibitzei 171
Kiefer, Berg- 76
Kirsche
Higan- 50
Japanische Blüten- 50
Lorbeer- 160
Zier- 50
Kirschlorbeer 160
Knotenblume, Frühlings- 88
Königsfarn 169
Krokus
Ankara- 114
Dalmatiner 114
Elfen- 114
Frühlings- 114
Herbst- 114
Kleiner 114
Pracht-Herbst- 114
Safran- 114
Schottischer 114
Küchenschelle, Große 63
Kugeldistel 64
Kuhschelle 63

L

Lampenputzergras 23
Lauch
Iran- 42
Kugel- 42
Paukenschläger- 42
Riesen- 42
Schnitt- 42
Schwarzer 42
Sternkugel- 42
Zier- 42
Lavandula angustifolia 77
Lavendel, Echter 77
Lavendelheide
Japanische 180
Vielblütige 180
Lespedeza thunbergii 75
Leucojum vernum 88
Liatris spicata 32
Liebesperlenstrauch 140
Ligularia przewalskii 167
Liguster, Gewöhnlicher 161
Ligustrum vulgare 161
Lysimachia
clethroides 85
nummularia 170
punctata 85
Lythrum salicaria 95

M

Mädchenauge
Großblumiges 26
Lanzenblättriges 26
Quirlblättriges 26
Mädesüß, Echtes 127
Magnolia stellata 99
Magnolie, Stern- 99
Mahonia aquifolium 181
Mahonie, Gewöhnliche 181
Maiglöckchen, Gewöhnliches 153
Märzenbecher 88
Meconopsis cambrica 116
Miscanthus sinensis 22
Muscari
armeniacum 132
azureum 132
botryoides 132
neglectum 132
Mutterkraut 27

N

Narcissus 28
Narzisse 28
Nassella tenuissima 60
Natternwurz, Weiße 94
Nelke, Pfingst- 65
Nepeta × *faassenii* 62
Netzblattstern 26
Nieswurz-Hybriden 154
Nieswurz, Orientalische 154

O

Ölweide, Schmalblättrige 78
Osmunda regalis 169

P

Pachysandra terminalis 184
Paeonia
lactiflora 29
officinalis 29
Parthenocissus
quinquefolia 139
tricuspidata 139
Pennisetum
alopecuroides 23
alopecuroides var. *viridescens* 23
Persicaria amplexicaulis 133
Perückenstrauch, Europäischer 79
Pfaffenhütchen 141
Pfeifenstrauch
Duftloser 51
Europäischer 51
Pfennigkraut 170
Pfingstrose
Bauern- 29
Chinesische 29
Philadelphus
coronarius 51
inodorus 51
Phlomis russeliana 59
Phlox
amplifolia 30
Breitblatt- 30
paniculata 30
Stauden- 30
Physocarpus opulifolius 45

Pieris
floribunda 180
japonica 180
Pinus mugo 76
Plattährengras, Breitblättriges 128
Pleioblastus
argenteostriatus fo.
pumilus 178
chino viridis fo. *humilis* 178
humilis 178
humilis var. *pumilus* 178
Polemonium caeruleum 87
Polygonum amplexicaule 133
Polypodium vulgare 109
Polystichum
aculeatum 174
setiferum 174
Potentilla fruticosa 48
Prachtkerze 31
Prachtscharte, Ährige 32
Prärielilie
Cusicks 89
Essbare 89
Leichtlins 89
Primula elatior 130
Prunus
laurocerasus 160
serrulata 50
subhirtella 50
Pulsatilla vulgaris 63
Purpurglöckchen-Hybriden 129
Pyrus salicifolia 'Pendula' 73

R
Radspiere, Perlen- 100
Reitgras 115
Rhododendron-Cultivars
immergrüne 142
sommergrüne 134
Rispenfarn, Gewöhnlicher 169
Rittersporn
Belladonna-Hybriden 33
Elatum-Hybriden 33
Garten- 33
Rodgersia
aesculifolia 172
henrici 172
pinnata 172
podophylla 172
sambucifolia 172
Rosa 52
Roseneibisch 53
Rosen, Garten- 52
Rosskastanie, Strauch- 143
Rudbeckia fulgida
var. *deamii* 39
var. *sullivantii* 39

S
Salbei, Steppen- 34
Sasa pumila 178
Schachblume 171
Schafgarbe, Wiesen- 25
Schaublatt
Gefiedertes 172
Gezähntes 172
Holunderblättriges 172
Kastanien- 172
Prinz-Henri- 172
Schaumblüte, Herzblättrige 173
Scheinaster, Arkansas- 90
Scheinmohn
Kambrischer 116
Pyrenäen- 116
Scheinquitte, Chinesische 80
Scheinquitten, Kreuzungen 80
Scheinsonnenhut
Blasser 35
Gelber 35
Roter 35
Schildfarn
Dorniger 174
Weicher 174
Schirm-Bambus, Muriels 96
Schleifenblume, Immergrüne 66
Schlüsselblume, Hohe 130
Schmetterlingsstrauch 54
Schneeball
Bodnant- 144
Duftender 144
Gewöhnlicher 101
Schneeglöckchen
Großblütiges 155
Kleines 155
Schönfrucht, Bodiniers 140
Schwertlilie
Hohe 36
Niedere 67
Sibirische 91
Wiesen- 91
Scilla
bifolia 107
mischtschenkoana 107
siberica 107
Sedum telephium 24
Segge, Japan- 175
Silberkerze
Juli- 176
Oktober- 176
Skimmia japonica 182
Skimmie, Japanische 182
Sockenblume 151
Sommerflieder 54
Sommerjasmin 51
Sonnenblume
Kleinblütige 37
Stauden- 37
Sonnenbraut 38
Sonnenhut 39
Sonnenröschen 68
Spierstrauch
Aschgrauer 55
Belgischer 55
Braut- 55
Japanischer 55, 121
Spindelstrauch, Kletternder 183
Spiraea
× *arguta*
× *cinerea* 55
japonica 121
nipponica 55
× *vanhouttei* 55
Spornblume, Rote 69
Stachys byzantina 43
Sterndolde, Große 131
Stipa tenuissima 60
Storchschnabel
Blutroter 70
Felsen- 156
Hybriden 40
Pracht- 40
Wald- 177
Syringa vulgaris 49

T
Taglilie, Bahnwärter- 92
Tanacetum parthenium 27
Taxus baccata 97
Tiarella cordifolia 173
Tradescantia × *andersoniana* 84
Traubenhyazinthe
Armenische 132
Himmelblaue 132
Kleine 132
Weinbergs- 132
Trillium
catesbaei 165
grandiflorum 165
sessile 165
Trollblume
Europäische 93
Hybriden 93
Trollius
cultorum 93
europaeus 93
Tulipa
saxatilis 41
sylvestris 41
Tulpe
Kretische 41
Weinberg- 41
Tulpen-Hybriden 41
Tüpfelfarn,
Gewöhnlicher 109

U
Uniola latifolia 128

V
Vernonia arcansana 90
Viburnum
× *bodnantense* 144
farreri 144
opulus 101
Vinca minor 168

W
Wacholder
Chinesischer
Gewöhnlicher
Heide-
Virginischer
Waldgras, Japan- 126
Waldrebe
Berg- 145
Italienische 145
Waldsteinia ternata
Waldsteinie, Dreiblättrige 157
Wasserdost 94
Weiderich, Blut- 95
Weigela florida 102
Weigelie, Liebliche 102
Wein, Wilder 139
Wiesenknöterich, Kerzen- 133
Windröschen, Balkan- 58
Winterling, Kleiner 117
Wisteria
floribunda 46
sinensis 46
Wolfsmilch
Palisaden- 71
Steppen- 71
Walzen- 71

Y
Ysander, Japanischer 184

Z
Zaubernuss-Hybriden 103
Zeitlose, Herbst- 118
Zierlauch 42
Ziest, Woll- 43
Zwergschilf 126

Bildquellen

Fotos: Alle Fotos inklusive der Umschlagbilder stammen vom Autor mit Ausnahme der Folgenden:
Constance Hanscomb/Shutterstock.com: S 165
D.Kucharski K.Kucharska/Shutterstock.com: S 110
Edita Medeina/Shutterstock.com: S 55
Flora Press/Botanical Images: S 65/180
Flora Press/FocusOnGarden/Ursel Borstell: S 147/148
Flora Press/JS Sira: S 164
Flora Press/Martin Hughes-Jones: S 177
Flora Press/Royal Horticultural Society: S 156
Flora Press/Visions: S 96
guentermanaus/Shutterstock.com: S 169
Hans-Roland Müller/Botanikfoto: S. 81/158
InfoFlowersPlants/Shutterstock.com: S 86
Iva Vagnerova/Shutterstock.com: S 135
Oleg1824/Shutterstock.com: S 152
Peter Radacsi/Shutterstock.com: S 93
Steffen Hauser/Botanikfoto: S 109/130/170
Tibesty/Shutterstock.com: S 173
Illustration Marienkäfer Titelseite: Vector Tradition/Shutterstock.com
Icons Innenteil: Folko Kullmann.

Die in diesem Buch enthaltenen Empfehlungen und Angaben sind vom Autor mit größter Sorgfalt zusammengestellt und geprüft worden. Eine Garantie für die Richtigkeit der Angaben kann aber nicht gegeben werden. Autor und Verlag übernehmen keine Haftung für Schäden und Unfälle. Bitte setzen Sie bei der Anwendung der in diesem Buch enthaltenen Empfehlungen Ihr persönliches Urteilsvermögen ein.
Der Verlag Eugen Ulmer ist nicht verantwortlich für die Inhalte der im Buch genannten Websites.

Impressum

Anmerkung zur Schreibweise (Gendering):
Gendergerechtigkeit und Inklusion sind bei uns gelebte Praxis – bei der Auswahl unserer Themen, bei der Recherchearbeit, in der Gestaltung. Unsere Texte meinen alle. Damit unsere Inhalte jedoch gut lesbar bleiben, verzichten wir in diesem Werk auf die jeweilige Mehrfachnennung oder Anpassung der Schreibweise bestimmter Bezeichnungen an die weibliche, männliche oder diverse Form.

Bibliografische Information der Deutschen Nationalbibliothek
Die Deutsche Nationalbibliothek verzeichnet diese Publikation in der Deutschen Nationalbibliografie; detaillierte bibliografische Daten sind im Internet über http://dnb.d-nb.de abrufbar.

Das Werk einschließlich aller seiner Teile ist urheberrechtlich geschützt. Jede Verwertung außerhalb der engen Grenzen des Urheberrechtsgesetzes ist ohne Zustimmung des Verlages unzulässig und strafbar. Das gilt insbesondere für Vervielfältigungen, Übersetzungen, Mikroverfilmungen und die Einspeicherung und Verarbeitung in elektronischen Systemen.

© 2022 Eugen Ulmer KG
Wollgrasweg 41, 70599 Stuttgart (Hohenheim)
E-Mail: info@ulmer.de
Internet: www.ulmer.de
Projektleitung: Helen Haas
Lektorat: Sabine Drobik
Herstellung: Katharina Merz
Umschlaggestaltung: Michaela Mayländer, Stuttgart, www.sistermic.de
Satz: red.sign, Stuttgart
Reproduktion: time:ray, Jettingen
Druck und Bindung: Westermann Druck, Zwickau
Printed in Germany

ISBN 978-3-8186-1648-9

MIX
Papier aus verantwortungsvollen Quellen
FSC® C110508
FSC
www.fsc.org

HIER KÖNNEN SIE WEITERLESEN

Attraktive Blumenbeete, die wenig Pflege brauchen und das ganze Jahr über gut aussehen, stehen auf der Wunschliste vieler Gartenbesitzer ganz oben. Folko Kullmann zeigt anhand eines einfachen Systems, wie jeder die passenden Pflanzen für sein Beet finden kann. Für jeden Standort, von sonnig, trocken und heiß bis hin zu schattig und kühl gibt es passende Pflanzenmischungen, die schnell anwachsen, Unkraut unterdrücken und wenig Pflege brauchen. Als Extra gibt es Projekte und Anleitungen, wie man die zum Standort und Beet passenden Tiere wie Schmetterlinge, Wildbienen, Hummeln, Vögel, Igel und Co. anlocken kann.

Das perfekte Beet. Pflegeleichte Blütenpracht für jeden Standort. Ganz nebenbei Lebensraum für Schmetterling, Biene und Co. schaffen. Folko Kullmann. 2021. 126 Seiten, 102 Farbfotos, 18 Zeichnungen, 10 Tabellen, Klappenbroschur. ISBN 978-3-8186-1303-7.